다시 복음으로

Return to the Good News

다시 복음으로

2014년 11월 10일 초판 1쇄 발행

지은이 고형욱
펴낸이 정병석

도서출판 그루터기하우스
서울특별시 강남구 삼성로 119길 37-11, 301호
Tel 514-0656 | Fax 546-6162
gruturgi21@hanmail.net
등록 2000년 11월 28일 제16-2289호
ISBN 978-89-90942-33-3 03230

그 중에 십분의 일이 오히려 남아 있을지라도 이것도 삼키운바 될 것이나 밤나무, 상수리나무가 베임을 당하여도 그 그루터기는 남아 있는 것 같이 거룩한 씨가 이 땅의 그루터기니라(이사야 6:13).

다시 복음으로

Return to the Good News

고형욱

왜 우리는 복음을 제대로 모르고 있는 것일까?
복음을 안다고 하면서도 그 감격과 기쁨을
누리지 못하고 있는 것일까?
누군가에게는 복된 소식이지만, 나에게는 아무런
의미가 없는 이유는 무엇일까?

그루터기하우스

Return to the Good News

차례

contents

contents

| 프롤로그 |

복음이 무엇인지 아십니까?

꿈꾸는 교회를 개척하려고 준비하면서 제일 먼저 했던 고민은 "교회는 무엇인가?"였다. 여러 가지 자료와 책을 보면서 교회에 대해 내린 정의는 '교회는 복음을 고백한 공동체'였다. 또 다시 물었다. 그렇다면 "복음이란 무엇인가?" 이 질문에 답을 할 때에야 비로소, 교회를 바로 세워갈 수 있기 때문이었다.

그러나 나는 이 질문 앞에서 머뭇거렸다. 이런 저런 답을 내놓아보지만, 분명하지도 않고, 내 자신 스스로도 설득시키지 못하는 답이었다. 답을 하면서도 스스로 답이 아니라는 것을 너무나 잘 알고 있었다. 인정하고 싶지 않았지만, 나는 '복음을 알지 못한다'는 결론을 내렸다. 그리고 모든 것이 복잡해졌다. 내 스스로가 정확하게 복음이 무엇인지 모른다면, 내가 했던 설교는 무엇이며, 내가 했던 사역은 무엇이며, 내가 했던 부르심의 길은 무엇이었는지 다시금 되돌아보게 되었다. 그러기에 힘이 없었고, 그러기에 능력이 없었고, 그러기에 무기력했음을 깨닫게 되었다.

되돌아보니 사역을 하면서 끊임없이 했던 질문이 있었다. '설교와 세바시(CBS, 세상을 바꾸는 시간 15분), *TED'의 차이는 무엇일까?' 목회를 하고, 사역을 하고, 설교를 하면서 이 질문은 계속 내 안에 있었다. 왜냐하면 설교하면서도 '도전하라'고 이야기하고, '꿈을 가지라'고 말하는데, 이것은 설교가 아니더라도 자기계발서에서도 충분히 이야기하고 있는 것이기 때문이었다. 지나간 생각들을 하나하나 되짚어보며 이제서야 비로소 깨달았다. 나는 복음이 무엇인지 모르고 있었다! 복음이 없는 설교, 복음이 없는 사역, 복음이 없는 선교, 복음이 없는 부르심의 길, 그것이 바로 내 사역의 모습이었다.

* Technology, Entertainment, Design의 약자로 기술, 오락, 디자인에 관련된 강연회를 개최하는 미국의 비영리 재단.

그것을 깨닫고 복음에 관한 많은 책들을 찾아보았다. 여러 책을 살펴보면서 개인적으로 힘들었던 것은 그 어디에서도 명쾌한 답은 없었다는 것이다. 내가 궁금해하는 부분을 대부분의 책들은 살짝 넘어가고 있었다. 대부분 독자들에게는 이해되는 내용이지만, 지금 나에게는 납득이 되지 않았다. 목사가 되어서 복음을 다시 공부한다는 것도 부끄러운데, 정말 답답했다. 그러면서 하나씩 정리하고, 고민하고, 찾아가면서 내 자신이 다시금 복음 앞에 서게 되었다. 그리고 'GOOD NEWS'라는 이름 그대로의 복음을 설명하는 또 하나의 방법을 찾아가게 되었고, 이렇게 함께 나눌 수 있게 되었다.

무엇을 믿고 있었던 것일까?

'GOOD NEWS'라는 성경공부를 준비하고, 진행하면서 대부분의 크리스천들이 '복음이란 무엇이냐?'는 질문에 대답하지 못했다. 또는 부분적인 대답을 하며 당황해했다. 복음이 아닌 율법을 붙들고, 자신의 생각과 경험을 말씀으로 포장하고, 그것을 자신의 신앙으로 살아가고 있음을 발견할 수 있었다. 그러면 우리는 무엇을 믿은 것일까? 무엇을 믿으면서 예배하고, 기도하고, 선교하고, 봉사하고, 헌금을 하며 지금까지 지내온 것일까?

그리고 되짚어보았다. 그러면 '한국교회는 무엇일까?' 복음을 알고 고백하는 공동체가 교회인데, 교회가 '복음'을 모른다면, 교회는 무엇일까? 교회는 무엇을 하고 있는 것일까? 지금 한국교회에서 일어나는 많은 어려움과 문제는 여기서 비롯된 것이 아닐까 생각하게 되었다.

복음 성경공부를 하면서, 대부분 낙심하고, 힘들어하고, 영적 혼란을 경험하였다. 왜냐하면 내가 알고 있는 하나님, 내가 믿은 신앙, 내가 가진 믿음의 본질이 드러났기 때문이다. 말씀과는 상관없는 하나님, 내가 믿고 싶은 신앙, 내 고집으로 포장된 믿음이었고, 여전히 내가 주인되고, 내가 하나님이 되어서 살아가는 자신의 모습을 보았기 때문이다. 여전히 두 주인을 붙들고 살아가는 자신의 모습이 드러났기 때문이다.

복음을 모르는 이유

GOOD NEWS 성경공부를 하면서, 모두에게 물었다.

"복음이 무엇일까요?"

대부분 대답하기를

"십자가", "내가 하나님의 자녀가 되었다는 것",

"하나님이 나를 사랑하신다" "글쎄요… 뭘까요?"

교회에서 너무나 익숙하게 들었던 이야기를 했다. 또, 자신들이 생각하는 여러 가지 대답을 하고, 깊은 생각에 빠졌다. 왜냐하면 쉽게 답할 수 없고, 머리에는 있는데 말로 표현하는 것이 그리 간단하지 않았기 때문이다.

한번 더 물어보았다.

"그러면 그 이야기를 듣고 기쁘고, 행복하고, 좋나요? GOOD NEWS잖아요?"

그러면 대답은 더 어렵고 난처해진다.

"…… 아니 뭐…기뻐해야 할 것 같기는 한데…"

"좋아해야할 것 같은데… 사실 잘 모르겠어요…."

왜 우리는 복음을 제대로 모르고 있는 것일까?

복음을 안다고 하면서도 그 감격과 기쁨을 누리지 못하고 있는 것일까?

누군가에게는 복된 소식이지만, 나에게는 아무런 의미가 없는 이유는 무엇일까?

성경공부를 하면서 3가지 정도 이유가 있음을 알게 되었다.

첫째, 내가 쓴 안경을 모른다

서양 동화 중에 '핑크대왕 퍼시'라는 이야기가 있다. 핑크색을 광적으로 좋아하는 핑크대왕 퍼시는 자신의 옷 뿐 아니라 모든 소유물이 핑크색이었고 매일 먹는 음식까지도 핑크였다. 핑크대왕은 여기서 그치지 않고 성 밖의 모든 것들도 강제로 핑크로 염색하라고 했다. 대규모 군대를 풀어 사람들의 옷은 물론 온갖 나무와 꽃도 핑크색으로 염색하게 했다.

그런데 하늘은 염색이 불가능했다. 스승에게 묘책을 내놓으라고 지시했고 스승은 핑크색 안경을 주며 이제 모든 것이 핑크색으로 보일 것이라고 했다. 핑크대왕은 세상이 핑크색 안경을 통해 온통 핑크색으로 보이자 크게 기뻐하면서 그 후로 행복한 나날을 보냈다. 백성들이나 동물들도 더 이상 핑크색 염색을 하지 않아도 되었다.

하나님을 강조하고, 믿음을 강조하는 것은 너무나 당연하다. 그것이 기독교의 본질이기 때문이다. 그래서 열심히 예배하고, 열심히 기도하고, 열심히 신앙생활을 한다. 그런데 어떤 사람은 핑크대왕 퍼시가 쓴 안경처럼 하나님이 핑크로 보인다고 한다. 어떤 사람은 파란색으로 보인다고 한다. 또 어떤 사람은 노란색으로 보인다고 한다. 또 어떤 사람은 검은색으로 보인다고 한다.

도대체 무엇이 문제일까? 같은 하나님이 왜 다르게 보이는 것일까? 바로 쓰고 있는 안경 때문이다. 하나님은 그대로 계시지만, 하나님을 바라보는 우리의 안경이 문제였다. 하나님을 제대로 보기 위해서는 우리가 쓰고 있는 안경이 무엇인지 알아야 하고, 안경에 묻어있는 먼지들을 먼저 닦아내야 한다.

하나님만을 강조하고, 내 자신이 쓰고 있는 안경은 신경쓰지 않았기에, 내가 믿는 하나님은 성경에 기록된 하나님이 아니라, 내 안경의 하나님! 내가 믿고 싶은 하나님! 내가 생각하는 하나님! 내가 만들어 놓은 하나님이었다.

그러기에 복음을 공부할 때는 내 자신을 이해하는 것이 중요하다. 나의 어린시절이 어떠했고, 내가 어떤 인생을 살아왔고, 그래서 내 자신이 어떠한 안경을 쓰고, 어떤 관점으로 하나님을 바라보고 있는지를 알게 될 때, 비로소 복음 앞에서 제대로 반응하기 시작한다.

둘째, GOOD NEWS만을 들었다

어느 날 엄마가 햄을 구울 때 햄의 양끝을 잘라내고 굽는 걸 아이가 보았다. 아이는 궁금해서 엄마에게 물어 봤다. "엄마, 왜 햄을 구울 때면 언제나 양끝을 잘라내는 거죠?" "몰라. 너의 외할머니가 항상 그러셨거든" 아이는 외갓집에 가서 외할머니께 똑같은 질문을 했다. 그랬더니 외할머니께서도 엄마와 같은 대답을 하셨다. "음… 너네 외증조할머니가 항상 그러셨단다." 그래서 아이는 외증조할머니를 찾아 가서 물어봤다. "저… 왜 햄을 구울 때면 언제나 양끝을 잘라내고 구우시는 거예요?" 그러자 외증조할머니는 아무렇지도 않게 대답했다. "응. 프라이팬이 너무 작아서 그랬단다"

우리는 신앙생활을 하면서 늘 결론만을 들어왔다. 어떻게 그 과정이 되는지는 듣지 못한채 결론만을 들었다. 다시 말하면, 우리는 늘 GOOD NEWS만을 들어왔다. 하나님의 사랑 받는 자녀이며, 축복의 통로이며, 죄 사함을 받은 의인이라는 말씀만을 들어왔다. 늘 복음만을 들으며 살아왔기에, 복음이 왜 복음인지 모르게 되었다.

우리에게는 복음을 만나는 과정이 필요하다. 그 복음의 과정에는 BAD가 필요하다. GOOD NEWS의 전제는 바로 BAD이다. BAD가 존재할 때, 비로소 GOOD NEWS가 의미가 있다. 그러나 우리는 BAD를 알지 못한다. 내가 무엇이 잘못되었고, 내가 무엇이 틀렸는지 모른다. 그러기에 말씀 앞에서조차 내가 옳고, 내 뜻대로, 내 생각대로 하려고 한다.

왜 그럴까? 많은 교회에서 BAD를 선포하지 않기 때문이다. 당신이 죄인이며, 당신이 틀렸으며, 당신이 문제가 있다는 설교를 하면 성도들이 싫어한다. 받아들이지 않고 오히려 불편해한다. 그러기에 목회자들도 BAD를 선포하는 것을 무척이나 조심스럽게 여긴다.

C.S 루이스는 『순전한 기독교』에서 이렇게 말한다.

기독교는 사람들에게 회개를 촉구하며 용서를 약속합니다. 그렇기 때문에 자신이 회개할 일을 저질렀다는 사실을 모르는 사람, 자신에게 용서가 필요하다고 생각지 않는 사람에게는 기독교가 아무 의미도 가질 수 없습니다. 여러분은 먼저 도덕률이라는 사실이 정말로 존재하며, 그 법칙의 배후에 어떤 힘이 있고, 여러분이 그 법을 어김으로써 그 힘과 잘못된 관계를 맺게 되었다는 것을 깨달아야 합니다. 이 모든 것을 깨닫기 전에는 정말이지 이 모든 것을 깨닫는 그 순간이 오기 전까지는 기독교는 여러분에게 아무 말도 할 수가 없습니다.[1)]

GOOD NEWS는 BAD가 있기에 의미가 있다. 내가 BAD라는 인식과 고백이 없다면, GOOD NEWS는 긍정심리학과 자기계발서를 넘지 못하게 된다.

셋째, 복음과 내 자신이 만난 적이 없다

아이폰이 한국에 처음 나왔을 때, 나름(?) IT전문가셨던 어떤 목사님께서 아이폰에 대한 설명을 멋지게 하셨다. 그것을 듣던 주위 사람들은 그 설명에 감탄하고, 그런 기술이 있다는 것이 신기

했고, 그것을 알고 계셨던 목사님이 너무 대단해보였다. 그런데 다른 목사님이 아이폰을 갖고 계셔서 실물로 설명하시라고 드렸더니, 목사님께서 아이폰을 받고 가만히 바라보시더니 주인에게 한마디 하셨다. 그 한마디에 모두 쓰러졌다. "이거 어떻게 켜? 이것 좀 켜줘봐"

아이폰의 기술을 설명할 수는 있다. 그러나 아이폰을 사용할 수는 없다. 왜냐하면 직접 만나본 적이 없기 때문이다. 우리가 복음을 대할 때도 마찬가지이다. 복음의 내용을 나누면서 더욱 놀라운 것은 복음의 내용이 나에게 어떤 의미인지 알지 못한다는 것이다. 매주일 목사님의 설교가 그 복음을 선포하시는 것임에도 복음의 내용 하나 하나가 나에게 어떤 의미인지 나누려고 할 때 아무 말도 하지 못한다. 심지어 생각해보지도 않았다고 한다. 물론 의미가 무엇인지 설명은 한다. 그러나 '나에게' 무슨 의미인지를 물어보면 머뭇거린다. 목회자들이 고백하는 하나님을 들은 것이지, 나의 하나님은 아니었던 것이다.

'하나님은 전능하시다'가 무슨 의미냐고 물으면, "모든 것을 다하실 수 있습니다"라고 말할 수 있다. 그러나 '그 모든 것을 다하실 수 있는 하나님'이 '나를 위해서 그렇게 하실 수 있다'고는 생각하지 않는 것이다. 내 삶과 상황속에서 직접 일하시는 하나님이라고는 생각하지 못한다.

왜 그럴까? 복음을 하나의 객관적인 FACT라고 생각하고, 그것과 내가 한 번도 부딪쳐보지 않은 것이다. 나는 '복음'을 알고 있다고 말하지만 그것은 개념이고, 실제로 복음을 맛보지 않았고, 그것을 경험해보지 않은 것이다. 그것을 붙들고 내 삶에서 치열하게 고민하며, 붙들어 본 적이 없는 것이다.

예를 들어, 공기청정기가 있다고 하자. 공기청정기가 있는 것은 하나의 사실이다. 그러면 그 공기청정기로 인해서 나에게 주어지는 것은 무엇인가? 그렇다! 깨끗한 공기를 마실 수 있다는 것이다. 신앙 역시 마찬가지이다. 예수님께서 나를 위해 죽으셨다는 것은 Fact다. 그렇다면 그 Fact가 나에게 무슨 의미가 있으며, 내 삶에 어떤 영향을 주는지 알 때 나에게 Fact를 넘어 생명으로 다가오는 것이다.

예수님을 머리로는 알았지만 내 삶으로 접근하지 않았기에, 신앙은 내 삶에 전혀 영향을 주지 못한 것이다. 그래서 하나님은 교회에만 계시게 된다. 우리 신앙의 모습을 보면 내 삶의 현장에서 내 힘만으로 열심히 살아간다. '전능하신 하나님'이시지만 내 삶에서는 '전능하신 하나님'은 아니시다. 내 인생은 내가 혼자 열심히 해결해야 하는 것이다. 하나님은 교회에만 계시기에, 주일예배를 드리면서 세상에서 내 힘으로 살아갈 힘을 얻는 것이다. 예배를 마친 후, 세상에서 치열하게 혼자 살아간다. 그리고 다시 교회에 와서 혼자 살아갈 힘을 얻고, 다시 세상에 혼자 나간다. 바로 이것이 영적 악순환이다. 신앙은 내 힘으로 사는 것이 아니라 하나님의 힘으로 사는 것이며, 하나님과 함께 살아가는 것이다. 우리의 모습이 그러하다보니 신앙이 내 삶의 현장에서는 어떠한 도움도 능력도 생명력도 없는 것이다.

성경에 기록된 하나님이 바로 나의 하나님이라고 고백될 때, 비로소 신앙은 살아 움직인다. 세상이 감당치 못하는 삶을 이 땅에서 살아가게 된다.

GOOD NEWS를 시작하면서

이 책을 성경공부 교재로 사용할 수도 있고, 개인적으로 사용할 수도 있지만 가능하면 소그룹으로 함께 나누는 것을 추천한다. 그래서 GOOD NEWS를 시작하면서 몇 가지 부탁하고 싶다.

첫째, 내 모습을 있는 그대로 드러내고 반응하라

복음 공부를 하면서 의도하지 않아도 자연스럽게 자신의 삶에 대한 이야기를 나누게 된다. 주어지는 질문에 솔직하게 반응하고, 있는 그대로 드러내도록 노력하라. 피하거나 도망가지 말고, 내 마음과 감정, 생각을 포장하지 말고 반응하라. 신앙으로 무조건 포장하려거나 잘 보이려고도 하지마라. 있는 그대로 드러내는 것이 필요하다.

함께 나눌 때 이야기되는 것들이 나의 '문제'라고 생각하지 말고, 그러한 '상황'이며, '현실'이라는 생각을 해야 한다. 그것은 함께 나누는 이야기에 대해 너무 방어적으로 반응하지 않아도 된다는 이야기이다. 있는 그대로 드러내고 반응하면서 하나님과 나의 이야기에만 집중하라.

둘째, 매주 주어지는 숙제를 하나씩 잘 해나가라

복음 공부는 다섯 주에 걸쳐서 진행이 된다. 한꺼번에 책을 다 읽지 마라. 고민해보고, 생각해보고, 기도해보라. 책을 한 번 읽는 것으로는 아무런 도움이 되지 않고, 그 의미를 충분히 누리지 못할 수 있다. 중요한 것은 5번을 한꺼번에 하는 것이 아니라, 한 주에 한 과씩만 진행하고 공부하라. 왜냐하면 숙제가 있기 때문이다. 그 숙제를 가지고, 고민하고, 생각하고, 반응하면서 진통하는 시간이 필요하다. 답을 찾는 것이 아니라, 답을 찾아가는 것이 중요하다. 내 자신을 알아가는 과정이다. 그러기에 공부하는 시간보다 혼자 생각하며, 고민하는 시간이 더 필요하고, 그 시간을 충분히 가질수록 더 깊어지게 되고, 복음 앞에 서게 될 것이다.

셋째, 끊임없이 복음의 관점으로 바라보고 이해하라

복음을 하나의 개념으로 만들지마라. 내 삶이 되게 하는 것이 필요하다. 나에게 어떤 사건이 발생하면 그것을 복음의 관점으로 바라보고, 이해하며, 복음의 방식으로 반응하는 것이 필요하다. 나 혼자 힘들다면 믿음의 공동체가 함께 모여서 하나의 주제를 이야기하고, 그것을 복음의 관점으로 바라보며 이야기하자. 그럴 때 복음을 내 삶으로 더욱 경험하고 누리게 된다.

자! 이제 시작해보자!

복음을 향한 발걸음을 내딛어보자!

chapter 1

나는 하나님을 제대로 알고 있을까?

장경철 교수가 쓴 『믿는다는 것의 행복』이라는 책에 보면 이렇게 말한다.

> 성경은 하나님과 세계 사이의 관계를 화가와 그림 사이의 관계로 비유한다. 우리는 종종 "내게 하나님을 보여다오. 그러면 내가 하나님을 믿겠다"라는 말을 듣는다. 하지만 이 말에는 함정이 있다. 우리는 이 세계 속에서 하나님을 직접 만날 수 없다.
>
> 그렇다면 하나님은 왜 우리의 눈에 보이시지 않는 걸까? 그것은 하나님이 너무 크거나 너무 작아서가 아니라, 그분은 피조물 세계에 속한 물체가 아니기 때문이다. 모든 피조물을 창조한 존재로서 하나님은 피조물 세계의 창조주일 뿐 피조물의 일부분이 아니다. 하나님은 세계와는 엄격히 구분되는 존재다.[2]

우리는 하나님을 제대로 알고 있을까? 아니, 우리가 하나님을 제대로 알 수 있을까? 인간이 하나님을 제대로 아는 것 자체가 불가능하다. 제대로 알고 있다면, 이미 그것은 하나님이 아니다. 내가 제대로 알 수 없기에 하나님이 하나님 되신다. 그러기에 제대로 알고 있다고 하는 것 자체가 교만이다.

하나님이라는 존재

시작하면서 여러분에게 한 가지 질문을 하겠다.

하나님이 정말 계시다고 생각한 적이 있는가?

또는 하나님이 계시지 않는다고 생각해본 적이 있는가? 아래에 적어보자.

많은 사람들은 "하나님이 계시다고 생각한다"고 이야기하면서 자신들의 신앙경험 또는 기도응답을 이야기한다. 그러한 것을 통하여 하나님을 만났고, 신앙이 성장했다는 이야기다. 그리고 '하나님이 계시지 않다고 생각해봤냐?'라는 질문에 대해서도 자신들이 겪었던 고난과 위기를 통하여 하나님을 향한 실망의 시간이 있었음을 이야기한다. 많은 분들이 가장 편하게 이야기하는 것 중 하나는 '하나님이 안 계시다고 생각해본 적이 없다'는 대답이다. 늘 그렇게 살아왔기 때문에 한 번도 의심해본 적이 없다고 말한다.

그렇다면 한 가지만 더 물어보자!

하나님이라는 존재가 내 삶에 어떤 영향을 주는가?

하나님이 계시기 때문에 내 삶에 나타나는 모습과 그 영향은 무엇이 있는가?

하나님이라는 존재가 내 삶에 영향을 주지 못한다면, 하나님이 아닐 것이다. 순회선교단 김용희 선교사님께서 늘 하시는 이야기가 있다. "복음을 만났는데 변하지 않았다면, 둘 중의 하나는 가짜다. 내가 가짜거나, 복음이 가짜다!"

말씀 앞에 서면, 그 말씀은 우리에게 선택을 요구한다. 말씀은 진리이기에 그 진리 앞에서 우리의 결정은 두 가지 밖에 없다. 내가 그 진리를 '따르거나', 내가 그 진리를 '거부하거나', 결국 둘 중 하나이다. 그것이 진리라면, 내 인생에 영향을 줄 수밖에 없고, 나에게 변화가 일어날 수밖에 없다.

하나님께 나아가는 이유

단순하게 교회를 나오는 것이 아니라, 하나님이라는 분을 찾고 나아가는 계기가 있다. 우리가 하나님께 나아갔다고 이야기하지만 나중에는 그것이 하나님께서 나를 부르시는 방법이었음을 알게 된다. 대략 네 가지 정도의 계기와 이유가 있음을 보게 된다.

첫째, 생활양식을 통해서

하나님께 나아가는 첫 번째 계기는 생활양식을 통해서이다. 내가 선택하고 결정한 것은 아니었지만 부모가 하나님을 믿고 있었기에 자연스럽게 어릴 적부터 예수님을 믿고, 하나님께 나아오게 된 것이다. 자연스럽게 교회를 다니고, 예배를 드리고, 기독교라는 문화와 생활양식 가운데서 살아간 것이다. 기독교라는 삶의 방식과 스타일로서 하나님께 나아가는 것이다.

둘째, 경험과 체험을 통해서

인도에서 단기선교사로 있을 때, 이슬람과 힌두교를 믿는 사람들이 교회를 찾아오곤 했다. 그 이유를 물으면 꿈에 하나님께서 교회를 가라고 하셨다는 것이다. 그래서 교회를 찾아와서 하나님을 믿기도 한다. 그 누구도 이해하거나 설명할 수 없는 영적체험의 사건이다.

어떤 집사님께서 자기의 아들을 만나달라고 하셨다. 이유를 물어보니 남편이 교회를 다니지 않아서 아들과 함께 남편 몰래 교회를 다닌다고 했다. 그런데 어느날 자신이 고등학생 아들에게 신앙서적을 한 권 줬는데, 독서실에서 아들이 그 책을 읽다가 성령을 받은 것이다. 갑자기 눈물이 나면서, 방언을 하고, 하나님이 믿어지고, 성경이 믿어진 것이다. 주변 사람들도 이해할 수 없는 사건이 생기자 만나달라고 요청하신 것이다. 그 아들을 만나보니, 그 사건 이후로 예수님이 믿어지고, 기도가 되고, 말씀이 읽혀지기 시작했다고 한다.

하나님께 나아가는 두 번째 계기는 경험과 체험이다. 하나님을 만나는 영적체험을 경험하게 된 것이다. 그 누구도 도저히 이해할 수 없고, 납득할 수 없지만, 그것을 통하여 하나님께 더 가까이 나아가며, 그분을 붙들게 된 것이다.

셋째, 고난과 위기를 통해서

우리나라 최고의 지성인이신 이어령 교수가 세례를 받게 된 것은 사연이 있었다. 이어령 교수의 딸 이민아 목사가 92년 갑상선암 판정을 받고 수술을 했지만 96년과 99년 두 차례나 암이 재발했다. 설상가상 이민아 목사의 둘째 아들은 '주의력 결핍 과잉행동 장애'로 인해 더 깊은 고통의 늪으로 빠져들었다. 아들의 치료를 위해 하와이로 이주했던 이민아 목사는 이번엔 그녀의 망막이 손상돼 먼 길을 날아온 아버지를 위해 식사를 대접한 후 그 그릇들을 설거지 하지 못할 정도가 되었다. 자신의 힘과 지식과 돈으로 도무지 어떻게 할 수 없는 딸과 손자의 고통 앞에 이 교수는 겸허하고 절실히 기도했다고 한다. "하나님, 나의 사랑하는 딸 민아에게서 빛을 거두시지 않는다면, 남은 삶을 주님의 종으로 살겠나이다."

세 번째로, 고난과 위기를 통하여 하나님께 나아오는 계기가 된다. 자신의 힘으로 감당할 수 없고, 자신이 해결할 수 없는 상황을 만나면서 절대자를 찾게 되고, 하나님 앞에 서게 되는 것이다.

넷째, 삶의 의미를 추구하면서

신앙생활 3년 미만 되신 분들과 성경공부를 한 적이 있다. 그분들에게 왜 하나님이라는 분을 찾아오게 되었냐고 물었을 때, 30명 중 25명이 '삶의 의미를 추구'하면서 였다. 집안에 아무런 문제도 없다. 자녀들도, 남편도, 모든 것은 잘 진행되고 있고, 어떠한 어려움도 없다. 그런데 마음이 공허한 것이다. 마음이 허전하고, 불안하고, 도대체 어디로 가야할지 모르겠다고 하신다.

마지막으로, 삶의 의미를 추구하면서 하나님께 나아오기도 한다. 내가 무엇을 해야하고, 어디로 가야하고, 앞으로 어떻게 살아야하는지 고민하면서 나아오게 된다. 인간의 실존적인 고민에서 비롯된 것이다.

모두 거쳐야 하는 네 가지

여러분은 네 가지 중 어디에 해당되는가?

여러분은 어떤 것을 통하여 하나님이라는 분에게 나아오게 되었는가?

나에게 해당되는 것들을 하나씩 이야기 나눠보라.

어떤 계기와 이유가 되었는지는 중요하지 않다. 중요한 것은 네 가지를 모두 거쳐야 한다는 것이다. 네 가지를 거칠 때 비로소 건강한 신앙인으로 성장하게 된다.

생활양식만 있다면 선데이 크리스천이 되고, 경험과 체험만 있다면 맹목적 신앙이 되고, 고난과 위기만 있다면 하나님의 사랑을 이해하지 못하며, 삶의 의미만을 추구하면 이성적인 신앙을 넘어서지 못하게 된다.

나에게 없는 부분이 무엇인지를 확인하고, 그것을 향해 준비하고, 훈련하는 것이 필요하다. 이것들이 함께 할 때, 비로소 건강한 신앙의 길을 걸어가게 된다.

만나는 장애물

하나님이 계신 곳을 알고, 그곳이 눈에 보이면, 우리가 가서 만나면 되는데 그것이 쉽지 않다. 그 이유는 하나님께 나아갈 때, 우리 앞에 장애물이 있기 때문이다. 우리가 가진 장애물이 무엇인지를 이해하는 것이 필요하다.

현대인을 위한 기독교 변증서인 『생명으로 인도하는 다리』

에서 알리스터 맥그라스는 이렇게 말한다.

> "무엇이 이 사람을 신앙으로 이끄는 데 방해하는 것일까?" 같은 흔한 질문에 특별히 주의해야 한다. 여기엔 두 가지 질문이 포함되어 있다. 하나는 "무엇이 방해물인가?"이며, 다른 하나는 "이 사람의 경우는 무엇이 문제인가?"이다.[3]

우리가 하나님께 나아가면서 어떠한 장애물이 있는지 이해하고, 또한 나에게 어떠한 것이 장애물이 되고 있는지 알아가는 것이 필요하다. 그럴 때, 그것에 대해 대처하게 되며, 그 장애물을 이해하고, 다시금 바라볼 수 있게 된다. 그 장애물들이 단순하게 '이것이다'라고 말하기는 쉽지 않다. 왜냐하면 너무나 다양한 측면이 있기 때문이다. 네덜란드의 신학자 빔 리트께르크는 『믿을 수만 있다면』이라는 책에서 이렇게 말한다.

> 우리의 질문과 의심들을 지성과 관련된 것만으로 제한하면 곤란하다. 감정적인 장애물들이 극복하기에 훨씬 어려울 수 있다. (중략) 인격이란 지성과 의지, 감정이라는 세 요소로 구성된다고 사

람들은 생각한다. 많은 지적인 물음들이 감정적인 장애물등에서 비롯되었고, 많은 감정적인 문제들이 지적인 오해에 뿌리를 두고 있으며, 개인의 선택과 의지는 인격적 존재의 감정적인 기질에서 중요한 역할을 한다.[4]

우스갯소리로 '심정이 상하면 천국도 안간다'는 말이 있다. 단순하게 이성적인 부분만 있는 것이 아니라, 감정적인 부분도 크다는 것을 지적해주고 있다. 장애물이 되는 것이 단편적인 것이 아님을 기억해야 한다.

하나님께 나아갈 때 크게 네 가지 장애물이 있음을 보게 된다.

첫째, 기독교인과 교회가 세워놓은 장애물

둘째, 지식적인 한계

셋째, 고난과 위기

넷째, 아버지와 권위자에 대한 경험

네 가지를 하나씩 자세하게 살펴보자.

첫째, 기독교인과 교회가 세워놓은 장애물

첫 번째 장애물은 바로 내가 아는 기독교인이며, 시대에 드러나는 교회의 모습이다. 2014년 기독교윤리실천운동이 발표한 한국교회 사회적 신뢰도 여론조사에 의하면, 우리 사회에서 개신교는 가톨릭과 불교에 이어 세 번째로 신뢰할 만한 종교인 것으로 나타났다. 더구나 청년층을 대표하는 20대의 경우는 불교 33%, 가톨릭 27%, 개신교 19%로 조사돼 다른 연령층보다 개신교에 대한 신뢰도가 더 낮게 조사되었다.[5]

자신들이 만나고 알아왔던 기독교인의 모습을 보면서, 도저히 납득하거나 이해할 수 없는 것이다. "저런 사람이 믿는 신이라면 나는 안 믿겠다" 기독교인이 보여주는 이중적인 삶의 모습이 그 길을 가려는 사람들에게 장애물이 된다. 언론에 보도되는 교회의 모습은 우리가 믿는 하나님에 대한 신뢰까지 없어지게 만든다. 또한 나 역시 목회자로서 교회와 언론에 나타나는 여러 가지 모습에 대해서는 할 말이 없다. 그 모습 역시 나의 모습이기도 하기 때문이다.

둘째, 지식적인 한계

두 번째 장애물은 지식적인 한계이다. 나는 목사로서 설교할 때마다 갖는 두려움이 있다. 코끼리의 엉덩이를 만지면서 이것이 코끼리라고 말하는 것처럼, 하나님의 일부분을 설교하면서 이것이 하나님이라고 말하는 것은 아닌가 하는 두려움이다. 내가 알고 있는 수준으로 하나님을 이해하면서, 그것이 전부인 것처럼 말하는 것은 아닌가 하는 두려움이다.

또 한편으로는 내 머리로 이해가 되는 하나님이라면 나는 믿지 않을 것이다. 내 머리, 내 수준으로 이해되는 하나님이라면 그냥 내 자신을 믿고 살아갈 것이다. 하나님의 모든 것이 내 머리로 이해가 된다면 왜 하나님을 믿겠는가? 그냥 내 힘으로, 내 지혜로, 내 능력으로 살아가면 되는 것이다.

C. S. 루이스는 자신이 '기독교를 믿는 이유' 중 하나를 이렇게 말한다.

> 실재란 대개 여러분이 짐작할 수 없는 어떤 것입니다. 이것이 제가 기독교를 믿는 이유 가운데 하나입니다. 기독교는 여러분이 짐작할 수 없는 종교입니다. 만일 기독교가 우리가 늘 예상하는

것과 같은 종류의 우주를 제시한다면, 저는 기독교를 인간이 만들어 낸 종교로 생각할 것입니다. 그러나 사실상 기독교는 인간이 만들어 낼 수 있는 부류의 것이 아닙니다. 실재하는 것들이 다 그렇듯이 기독교에도 우리의 예상과 맞지 않는 기묘한 뒤틀림이 있습니다.[6)]

여러분에게 한 가지 질문을 하겠다.

여러분이 알고 있는 하나님은 어떤 분이신가?

여러분이 고백하는 하나님은 어떤 하나님이신가? 빈 칸에 적어보라.

50-60대 4명과 함께 성경공부를 하면서, '내가 고백하는 하나님은 어떤 분이냐?'고 물었다. 그리고 그분들은 '사랑의 하나님!' '전능의 하나님!' '짖궂은 하나님!' '유머의 하나님!'

'아버지되신 하나님!' '기다림의 하나님!' 여섯 가지를 이야기하셨다. 4명이 함께 성경공부를 했으니 평균 1.5가지를 이야기하신 것이다.

30-40년 신앙생활을 하면서 하나님에 대해서 아는 것이 1.5개라면, 하나님을 모르는 것이나 다름없는 것이 아닐까? 물론 하나님은 이런 분이라고 내 머리에서는 수 없이 이야기할 수 있다. 그러나 그러한 질문에 대답하는 것은 내 삶으로 고백하고, 경험한 하나님을 고백한 것이다. 삶으로 고백하는 하나님이 한두 가지 정도라면, 하나님을 몰라도 너무나 모르는 것이다.

친구들이나, 가족에 대해서 한두 가지만 이야기하겠는가? 아니다. 수 없이 이야기할 것이다. 그런데 내가 사랑하는 하나님! 나의 주인되신 하나님에 대해 이야기하는데 한두 가지만 말한다면, 그것은 너무한 것이 아닐까?

한 번은 성경공부를 하면서, 찬송가 1-10장에 나오는 하나님의 성품을 찾아오라는 숙제를 드렸다. 만복의 하나님!, 근원되신 하나님 등등… 그때 제일 많이 찾아오신 분이 90가지 가까이를 찾아오셨다. 찬송가 1장에서 10장까지 나오는 하나님도 90가지가 넘는데, 내가 아는 하나님이 한두 개라면 우리는 너무 심각한 것이 아닐까? 하나님을 향한 지식이 없어도 너무 없다. 그리고 우리는 그 작은 지식 속에서 하나님을 바라보고, 이해하고, 규정짓고 있는 것이다.

또한 성경적인 지식, 논리적인 지식 등 여러 가지 궁금한 것에 대해서 답할 수 있는 우리의 지식이 부족하다. 바로 그것들이 장애물이 되기도 한다.

셋째, 고난과 위기

고난과 위기는 하나님께 나아가는 통로가 되기도 하지만 동시에 장애물이 된다. 내 삶에 일어난 고난과 사건을 통해 하나님을 믿을 수 없다고 생각된 것이다.

> 한 자매는 암으로 고생하시는 아버지의 회복을 위해서 금식으로 기도했는데, 아버지께서 돌아가셨다. 하나님에 대해서 너무나 낙심하고, 실망해서 도저히 하나님을 믿을 수 없다고 말했다. 내 기도에 응답하지 않는 신은 믿을 수도 없고, 내 인생을 걸 수도 없다는 것이다. 충분히 그럴 수 있다.

고난과 위기는 하나님께서 계시지 않는다는 충분한 이유가 된다고 생각하기 때문이다. 내가 그토록 간절하게 매달렸는데 하나님이 응답하지 않았다면, 그분은 계시지 않는다고 생각하는 것이다. 그러기에 신앙을 가진 후에도 그 사건이 마음에 늘 남아있다. 기도하지만 믿지 않는다. 기도하면서도 응답하실 것이라는 믿음이 아니라, 응답하지 않으실 것이라고 생각하며 기도한다. 참 이상하지 않나? 응답하지 않으실 것이라고 생각하며 기도한다니! 바로 우리의 모습이기도 하다.

넷째, 아버지와 권위자에 대한 경험

네 번째 장애물은 아버지와 권위자에 대한 경험이다.

갑작스런 질문이지만, "하나님!" 그러면 드는 생각은 무엇인가? 드는 느낌은 무엇인가? 적어보라.

다시 본론으로 돌아와서, 여러분의 아버지에 대한 이야기를 나눠보자.

"아버지!" 그러면 드는 생각이 무엇인가? 드는 느낌과 아버지에 대한 기억을 적어보라.

여러분이 했던 답을 통하여 무엇이 보이는가? 하나님에 대한 이미지와 아버지에 대한 이미지는 연관성이 있다. 보이지 않는 하나님을 알아갈 때, 보이는 대상을 통해서 알아가게 된다. 그 처음 대상이 바로 우리 육신의 아버지이다.

우리는 기도할 때 "하나님 아버지"라고 기도한다. 성장하면서 우리는 하나님을 나의 육신의 아버지의 모습을 통해서 바라보며 알아가게 된다. 그래서 성경에 기록된 하나님보다는 내 육신의 아버지의 모습을 하나님의 모습으로 먼저 받아들이고 이해한다.

하나님 아버지와 육신의 아버지

하나님과 육신의 아버지를 받아들이는 모습을 더 정확하게 말하면, 똑같거나 정반대로 나타나게 된다. 더 자세하게 살펴보자.

하나님에 대한 마음과 느낌이 육신의 아버지와 똑같이 나타나는 경우가 있다. 하나님은 엄하시고, 무서운 분이라고 말하면, 나의 육신의 아버지가 그런 모습을 갖고 계신 것이다. 많은 형제들이 이런 고백을 한다. 일반적으로 형제들은 아버지와 관계가 그리 좋지 않다. 서로가 대화하는 방법도 익숙하지 않고, 공유하는 경험도 많지 않기 때문에 아들들은 아버지를 향하여 엄하다고 생각을 한다. 물론 이것은 자녀의 주관적인 답변이다. 아버지는 친근하게 대해주셨다고 해도 받아들이는 자녀가 그렇지 않다고 하면, 그렇지 않은 것이기 때문이다.

그리고 하나님과 아버지에 대한 느낌이 정반대인 경우도 있다. 어떤 형제는 성장하면서 아버지에게 많은 폭력을 당했다. 그것이 싫어서 집을 뛰쳐나와서 살았다. 그런데 하나님을 이야기할 때, 하나님은 '사랑의 하나님'이라고 말한다. 그래서 물었다. "일반적으로 하나님에 대한 이미지와 아버지에 대한 이미지는 비슷하다. 그런데 너는 너무 다르다". 그랬더니 그 형제가 하는 말이 "하나님은 때리지 않잖아요!"

하나님에 대한 이미지는 독립적으로 만들어지지 않는다. 영향을 받는다. 영향을 가장 많이 받는 것이 바로 육신의 아버지임을 기억할 필요가 있다. 바로 거기에서부터 형성되기에 결코 육신의 아버지로부터 자유로울 수는 없다.

여러 가지 경우

그런데 그러한 것이 내 삶의 전반적인 부분에 영향을 주고 있음도 알아야한다. 하나님 관계뿐만 아니라, 모든 관계 속에서 나타나게 된다.

한 자매의 아버지는 갑작스러운 분노를 가지고 계셨다. 잘 지내다가도 가족들이 도저히 이해할 수 없는 분노를 터뜨리셔서 가족들이 너무나 당황해한다. 그러한 아버지를 둔 자매는 하나님이 축복을 주시고, 평안을 주셔도 불안하다. 왜냐하면 언제 무엇인가가 터질지 모르는 불안함이 있기 때문이다.

평안함의 시간을 누리거나 기뻐하지도 못하고 불안하다. 또한 누군가가 나에게 잘해줘도 불안하고 불편하게 생각한다. 언제 그 행복이 끝날지 모르기 때문이다.

한 형제는 아버지와 친근하게 너무나 잘 지냈다. 아버지와 친구처럼 지냈기에 하나님에 대해서 친한 친구같은 느낌과 마음이 든다고 했다. 너무나 좋은 것이다. 그러한 관계에서 나타나는 모습은 '기도하지 않는 것'이다. 기도란 하나님과 내가 다른 존재임을 인식할 때 하는 것이 기도이다. 그러나 하나님이 친근하게, 친숙하다고 느낄 때, 우리는 기도하지 않는다. 늘 나와 함께 하기에 편안하고 좋지만 문제가 생기면, 그 문제를 해결할 분이라고 생각하지 않는다. 그러기에 내 힘으로, 내 노력으로 애를 쓰면서 살아가는 것이다.

어떤 집사님의 경우는 아버지가 어릴 때 외도를 하셨다. 그래서 집에 계시지 않았고, 경제적인 어려움을 자신이 홀로 다 감당해야 했다. 그러다보니 하나님을 믿으면서도 전적인 신뢰보다는 자신의 살 길을 준비한다. 하나님께 "하나님! 도와 주십시오"라고 기도하지만 속으로는 "들어주지 않으셔도 제 생각은 다 있습니다!"라고 생각하고 준비한다. 전적인 신뢰가 없다. 동시에 남편에 대해서도 신뢰하지 않는다. 경제적으로 따로 준비하고, 만약에 있을 수도 있는 사건을 대비한다.

어릴 때 아버지가 일찍 돌아가신 분들의 경우는 여러 가지 모습으로 나타난다. 아버지가 계시지 않았기에 그 자리를 내가 대신해야 하는 경우가 많다. 그래서 경제적인 부분에 대한 염려와 걱정이 많고, 다른 사람들과의 관계에서 부재不在가 나타날 경우 불안해하고, 분노하며, 관계를 끊는 모습도 보인다.

때로는 하나님에 대한 이미지가 전능하신 분, 거룩하신 분이라고 답하는 분들도 계신다. 그런 경우에는 육신의 아버지와 그리 인격적 관계가 없는 경우가 많다. 전능하신 하나님! 거룩하신 하나님! 사실 이것은 나와는 너무나 동떨어진 개념이다. 추상적인 개념이지 현실적인 개념은 아니다. 이것은 내 육신의 아버지와 비슷한 관계임을 보여주는 한 단면이다.

결론적으로 우리가 하나님에 대해서 갖고 있는 이미지와 느낌은 나의 육신의 아버지라는 렌즈를 통해서 바라보고 있는 것이다. 아버지에 대한 나의 경험과 한계 속에서 하나님을 바라보고 있는 것이다. 그러기에 하나님을 제대로 보지 못하는 것이다.

1과를 마무리하면서

C.S 루이스는 『예기치 못한 기쁨』에서 이렇게 말한다.

> 나는 사랑도 없고, 경외감도 없고, 무서워하는 마음조차 없이 하나님께, 아니 사실은 내가 만든 하나님의 개념에 다가갔던 것이다. 기적을 행해 주기 바랐던 내 마음속의 하나님은 구세주가 아니라 한낱 마술사에 불과했다.[7]

도널드 맥컬로우 역시 『내가 만든 하나님』이라는 책에서 이렇게 말한다.

거짓된 신들이 모여 있는 신전에서 가장 대표적인 세 신을 뽑으라고 한다면 그것은 바로 "나의 목적에서 비롯된 신", "나의 이해에서 비롯된 신" 그리고 "나의 체험에서 비롯된 신"일 것이다.[8)]

1과를 마무리하면서 알게 되는 것은, 우리가 하나님을 잘 모르고 있다는 것이다.

부분적이며, 파편적이며, 심지어 왜곡되어 있다는 것이다.

우리가 알고 있는 하나님은 내 경험과 내 생각에 갇혀진 하나님이다. 성경에서 기록된 하나님을 알고 있는 것이 아니라, 내가 생각하는 수준의 지식, 내 육신의 아버지, 그리고 내 삶을 걸쳐서 경험된 것을 통하여 하나님을 바라보고 있는 것이다. 나만의 렌즈로 하나님을 바라보고 있음을 보여준다.

Home Work

1과를 마무리하면서 숙제

하나님을 향해 나아갈 때 나에게는 어떠한 장애물이 있는지 생각해보자.

그리고 그 장애물로 인해서 나타나는 모습은 무엇인지 생각해보자.

특별히 육신의 아버지로 인해서 하나님을 향해 나아갈 때, 나에게 나타나는 모습은 무엇인지 생각해보자.

chapter 2

나는 무엇을 위해서 살아왔을까?

Chapter 1의 숙제를 나누며

Chapter 1의 숙제를 하다보면, 지난 시간 내 모습이 보인다. 그리고 자유하지 못하고, 무엇인가에 매여 있던 내 삶의 모습을 되돌아보게 된다. 하나님 앞에서도 자유하지 못하고, 사람들 앞에서도 자유하지 못하다. 있는 그대로 내 모습을 나눠보자. 지난 시간의 숙제를 다른 사람들과 함께 나눠보자.

Chapter 2를 시작하면서

2014년 9월에 취업포털 잡코리아www.jobkorea.co.kr와 웅진씽크빅 단행본 출판그룹www.wjthinkbig.com이 성인남녀 469명을 대상으로 '삶의 이유'에 대해 설문조사를 했다. '무엇을 위해 살고 있는지 생각해본 적 있나'라는 질문에 '항상'(45.8%) 또는 '가끔'(51.2%) 생각한다는 답변이 97.0%에 달했다. 특히 20대 중 53.0%는 '항상 생각한다'고 답해 이 시기에 인생에 관한 고민을 가장 많이 하는 것으로 나타난다. 그리고 '살아가는 이유'에 대한 조사결과에서 20대(35.7%)와 30대(41.8%)는 '더 나은 환경에서 행복해지고 싶어서'라 답한 직장인이 가장 많았고, 40대(36.8%)와 50대 이상(47.1%)은 '사랑하는 가족을 위해'라고 답한 응답자가 가장 많았다. '삶의 의미를 찾기 위해 노력하고 있는가'에 대해서는 77.4%가 노력한다고 답했다. 20대는 '직업을 위해 공부/자기계발을 한다'(37.4%)는 직장인이 가장 많았고, 30대(30.7%) 40대(26.3%) 50대이상(52.9%)의 직장인들은 '나에게 맞는 취미를 찾기 위해 새로운 것을 시도한다'는 답변이 가장 많았다. 반면 5명중 1명 정도인 22.6%는 '아무런 노력을 하지 않는다'고 답했다. 세대별 '나만의 성공'에 대한 정의는 달랐으나, 20대와 50대가 가장 많이 꼽은 응답은 '좋아하는 일에 몰입하는 순간'으로 각각 20대(33.9%) 50대(52.9%)로 일치했다. 30대의 경우 '경제적 풍요로움을 느낄 때'가(32.6%), 40대는

'사랑하는 사람이 행복해할 때(32.9%)'가 각각 높았다고 한다.[9]

두 번째 강의를 시작하면서 여러분에게 질문을 하겠다. 빈칸에 적어보라.

첫째, 당신은 왜 사는가?

둘째, 지금까지 무엇을 위해서 살아왔는가?

이 질문을 만나면, 크게 두 부류로 나타난다.

하나는 그 질문을 생각해봤다. 그것이 늘 나에게 고민이었고, 부담이었다. 계속 고민하고, 찾아보지만 그것이 쉽지 않다고 한다. 어디로 가야할지, 무엇을 해야 할지, 하나도 알 수 없다고 말한다.

다른 하나는 한 번도 생각해보지 않았다고 한다. 주어진 삶이었기에 최선을 다해서 살아왔고, 노력하면서 살아왔다는 것이다. 굳이 그런 것을 질문하면서 살 일이 없었다고 말한다.

2014년 8월 경제협력개발기구OECD에 따르면 지난해 OECD 회원국의 근로시간을 조사한 결과 한국이 2,163시간으로 OECD 34개 회원국 중 세계 2위를 기록했다. 1위는 멕시코(2,237시간)다. 한국인 근로시간은 OECD 평균인 1,770시간의 1.3배에 달한다. 또 근로시간이 가장 적은 네덜란드의 1,380시간과 비교하면 1.6배에 이른다.[10] 그런데 우리나라 국민행복지수는 경제협력개발기구 국가 중 최하위권이다. OECD 34개 회원국 가운데 한국의 국민행복도 지표는 33위, 복지충족 지표는 31위를 기록했다.[11]

도대체 우리는 무엇을 위해 사는 것일까? 무엇 때문에 그렇게 열심히 일하는 것일까? 무엇을 향해서 그렇게 열심히 달려온 것일까?

이번 시간에는 우리의 삶을 한 번 되짚어 보는 시간을 가지려고 한다. 내가 무엇을 위해 살아왔는지, 무엇을 붙들고 살아왔는지 알아가는 시간이 될 것이다.

지금까지 살아오면서 가장 중요한 것

사람들이 이 땅을 살아가면서 중요하게 여기는 것은 크게 돈, 명예, 권력, 쾌락 네 가지의 카테고리로 설명한다. 이것을 추구하면서 '이것'만 있으면 행복할 것이라는, '이것'만 있으면 내 인생이 멋질 것이라는 기대하는 마음을 갖고 산다. 그러기에 내 시간, 열정, 관계 모든 것을 여기에 쏟아 붓는다.

첫째, 돈

2012년 12월27일 교육과학기술부가 전국 초·중·고 학생 2만 4126명과 학부모 1,432명을 대상으로 실시한 '2012 학교진로교육 지표조사' 결과 '인생에서 가장 추구하고 싶은 것이 무엇이냐'는 질문에 학생들의 52.5%가 돈을 선택했다. 흥사단 투명사회운동본부 윤리연구센터의 '청소년 정직지수' 조사 결과에 따르면 고교생 44%가 10억 원을 주면 감옥에 갈 수 있다고 대답했다. '남의 물건을 주워서 내가 가져도 괜찮다'고 생각하는 비율은 초등학생 36%, 중학생 51%, 고등학생 62%였다.[12]

자본주의 사회에서 가장 중요한 것은 돈이다. 돈이 있으면 명예와 권력, 즐거움까지 모두 따라온다고 생각한다. 돈이 있으면 모든 것이 가능하다고 생각하기에 그것을 추구하며 살아간다. 그러기에 돈을 위해서라면 어떠한 희생을 감수하면서도 붙들려고 한다. 부모와 자식, 형제간의 관계가 끊어지면서까지 포기하지 않는 것이 돈이다. 또한, 최근 한국사회에 일어난 사건들을 바라보면, 사람들의 안전보다는 돈이 중요하다는 생각에서 비롯된 사건임을 알 수 있다.

둘째, 명예

2014년 5월, 집안의 허락없이 결혼했다는 이유로 파키스탄에서 임신 3개월째인 파르자나 파르빈(25)이 아버지와 오빠 등 가족 20여 명에게 몽둥이와 돌팔매질에 의해 숨진 사건이 발생했다.[13] 이슬람권에서는 이 같은 '명예살인' 사건이 파키스탄에서만 지난해 860여 건에 달할 정도로 심각하다. 파키스탄 · 인도 · 아프가니스탄 등 매년 5,000명 이상의 명예살인을 당하고, 법보다 우선시되는 종교관과 관습으로 고통 받고 있는 것으로 전해졌다. 자신의 딸보다 명예가 더 중요하고, 우선시 되는 것이다.

명예를 추구하며 사는 것이다. 명예란 국어사전에서 "세상에 널리 인정받아 얻은 좋은 평판이나 이름"이라고 설명한다. 적극적인 의미로는 다른 사람들의 '박수와 인정'을 의미한다. "역시 너구나!","최고야! 너는 정말 잘해!" 다른 이들의 칭찬과 좋은 평판을 추구하는 것이다. 소극적인 의미로 자신 스스로에게 향하게 될 때, '자존심'으로 설명되기도 한다. 다른 사람이 뭐라고 하는 것이 중요한 것이 아니라, 내 자신 스스로가 인정하면 된다. 다른 사람의 박수보다는 내 자신에게 납득이 되어야 하고, 이해가 되어야한다. 내부, 외부의 인정과 박수를 추구하며 사는 것이다.

셋째, 권력

폴 콜리어 교수의 『밑바닥의 10억』이라는 책을 보면, 왜 개발도상국가로 자처하던 그 많은 나라들이 개발에 실패하여 경제적으로 빈곤을 면치 못하고 있는지 알려준다. 지구상에는 50개국이나 되는 많은 나라들이 개발에 실패하여 아직 빈곤의 밑바닥을 헤매이고 있는데 그 가장 큰 원인은 정치가 잘못됐기 때문이다. 한때 잘 살던 아이티가 왜 저 꼴이 되었는가 하면, 1804년 독립을 얻은 뒤 34번의 쿠데타가 일어났으니 경제발전은 고사하고 치안유지도 어려웠을 것이다. 권력에 대한 욕심이 아이티를 이렇게 만들어버린 것이다.[14]

권력은 힘을 의미한다. 권력을 추구하며 사는 것이다. 권력은 부자간에도 나누지 않는다는 말이 있다. 그만큼 권력은 매력적이지만 치명적이라는 의미이다. 적극적인 의미에서 힘은 '다른 사람을 조종하는 힘'이다. 나의 생각과 나의 계획대로 진행되어야 하고, 상대와 조직을 그렇게 이끌어가는 것을 추구한다. 또한 소극적인 의미에서 권력은 '다른 사람에게 조종당하지 않을 힘'이기도 하다. 다른 사람을 조종하고 싶은 생각은 없지만, 자기 자신이 조종당하고 싶지 않은 것이다. 안정을 추구하는 사람들은 변화를 싫어하고, 소극적으로 보이지만, 권력지향적인 모습이 있음을 보게 된다.

넷째, 쾌락

아리스토텔레스를 비롯한 고대 그리스 철학자들은 행복을 개인의 주관적이고 즐거운 경험(정서적 측면)에서 오는 쾌락적hedonic

형태의 낮은 행복과 단순한 만족을 넘어 최선을 다할 만한 가치가 있는 것에 최선을 다한 후 그에 대한 보상(인지적 측면)으로 얻을 수 있는 성취감의 상태(eudaimonic-그리스어로 '진정한 자아'라는 뜻)를 높은 행복으로 구분했다.

여기에서는 즐거운 경험에서 오는 쾌락적 형태의 낮은 행복을 의미한다. 마지막으로, 쾌락을 추구하며 살아가는 것이다. 먹고 마시는 쾌락을 추구하고, 성적인 쾌락을 추구한다. 물론 인간이 이러한 즐거움과 쾌락이 없이 살기는 힘들다. 그러나 이것에 집중하게 될 때, 더 강력한 쾌락을 추구하며 살아가게 된다.

당신에게 가장 중요한 것

그렇다면 당신에게 가장 중요한 것은 무엇인가? 중요하다는 것은 포기할 수 없는 가치를 의미한다. 다른 것과 부딪칠 때도 내가 결코 포기할 수 없는 것이다.

예를 들어, 돈과 명예가 부딪치면 무엇을 선택할 것인가?

명예와 권력이 부딪치면 무엇을 선택할 것인가? 돈과 권력이 부딪치면, 무엇을 선택할 것인가?

결국 우리는 나에게 가장 소중한 가치를 중심으로 선택하고 결정한다. 당신에게 그것은 무엇이며, 그것이 왜 그렇게 중요하게 되었는지 적어보라.

한 번도 생각해본 적이 없을 수도 있다. 또한 그것이 나에게 중요한 가치인지 모를 수도 있다. 그러나 어떤 사람에게 '중요한 가치'라는 것은 한 순간에 정해진 것이 아니라, 그 사람의 인생을 걸쳐서 형성된 것이다. 그러기에 내가 중요하게 여기는 가치가 있다는 것은 동시에 그 이유가 있음을 말한다. 그리고 그렇게 만들어진 가치는 그 사람의 삶 속에서 결정적인 순간에 '선택의 기준'이 되는 것이다. 아무리 좋은 명분이 있고, 목적이 있다고 해도, 그 마음의 본심, 중심은 달라지지 않는다. 그 가치를 기준으로 선택하고 결정하는 것이다.

성경공부를 하다보면, 아무리 오래 사셨다고 해도 한 사람의 인생이 '하나의 키워드'로 정리되기도 한다. 바로 그 '한 단어'를 위해서 열심히, 최선을 다해서 살아온 것이다. 나는 자유롭게, 행복하게, 마음대로 살았다고 해도 결국 그 한 단어에 붙들린 삶을 살아온 것이다. 그것 때문에 행복했고, 그것 때문에 낙심하고 절망했던 것이다.

어떤 남자 집사님의 키워드는 '명예', '인정'이었다. 아버지의 칭찬과 인정을 받기 위해서 살아왔고, 그것이 전부였다. 공부를 열심히 한 이유도 인정받기 위해서였고, 박사과정까지 공부한 이유도 마찬가지였다. 그리고 결혼을 한 이유 역시도 연애할 때 상대방이 자기 자신을 인정해주었기 때문이었다. 남자로서, 남편으로서, 인정하고 격려해주었기 때문에 결혼을 선택한 것이다. 다른 사람들의 박수와 인정을 위해서 자신의 인생의 모든 것을 다 걸면서 지금까지 살아온 것이다. 그것으로 인해 기뻐했고, 그것으로 인해 슬퍼했고, 절망했던 것이다.

한 가지 더 생각해야 할 것은 나에게 중요한 것을 추구할 때 갈등이 생기게 된다. 왜냐하면 나에게 중요한 것이 다른 사람에게도 중요한 부분이 될 수 있기 때문이다. 나에게 중요한 것을 추구하면서 내 자신에 대해서, 다른 사람에 대해서 나타나는 갈등은 어떤 것이 있는지 생각하고 적어봅시다.

가장 중요한 것을 찾아가면서

가장 중요한 것을 찾아가면서 몇 가지 생각해야 할 것이 있다.

첫째, 중요한 것을 추구할 때 '수단'도 있음을 기억하라

자신에게 가장 중요한 가치가 있지만 그것을 위해 사용되는 수단도 있음을 아는 것이 필요하다. 명예를 중요하게 여기지만 그것을 위해 돈이라는 수단을 사용하기도 하고, 권력이라는 수단을 사용하기도 한다. 돈이라는 수단을 통해서 또는 권력이라는 수단을 통해서 자신이 인정받는다고 생각하는 것이다. 돈 또는 권력이 궁극적으로 추구하는 목적이 아니라, 그것을 통하여 사람들에게 인정받고, 존중받으려고 하는 것이다. 때로는 쾌락을 수단으로 권력을 추구하는 분들도 있다. 왜냐하면 '즐겁다'는 것은 내 마음대로 한다는 뜻이기 때문이다. 내가 사용하는 수단을 생각해보며, 내가 추구하는 궁극적인 것이 무엇인지를 찾아가야한다.

둘째, 분노

분노라는 것은 내가 중요하게 여기는 가치를 누군가가 건드렸기 때문에 나타나는 감정적 반응이다. 우리는 상대방이 나를 화나게 만들었다고 생각한다. 그런데 생각해보자. 똑같은 상황에서 나는 화를 내고, 다른 사람은 화를 내지 않았다면, 그것은 상황의 문제가 아니라, 나에게 달린 문제이다. 내 마음에 무엇인가가 건드려졌기에 분노가 터진 것이다.

나는 너무 화가 나는데, 주변 사람들은 아무도 모를 경우가 있다. 그것은 상황이나 주변 사람의 문제가 아니라 내 자신의 문제이다. 한 번 생각해보라. 분노가 날 때, 그 이유가 무엇인지! 도대체 왜 그것 때문에 화를 내고, 마음이 불편한지 생각하고 되짚어 봐라. 바로 거기에 내가 붙들고 있는 가치가 담겨져 있다.

셋째, 자녀들을 향한 잔소리

자녀가 있는 경우, 자녀들에게 하는 잔소리는 부모가 중요하게 여기는 가치를 중심으로 이뤄진다. 내가 중요한 가치로 자녀에게 잔소리를 하게 된다. '자존심'이 중요한 아버지는 자녀들에게 이렇게 말한다. "아빠는 몇 점을 받는지 상관없다. 다만 네가 얼마나 최선을 다했는지가 중요하다!", '권력'이 중요한 엄마는 "엄마가 하라는대로 하면 된다. 그렇게 하지 않으니까 점수가 안 나오는거야!" 부모가 중요하게 여기는 가치가 자녀에게 그대로 전해진다.

넷째, 가장 중요한 가치로 반응하게 된다

똑같은 상황에서도 자신이 중요하게 여기는 가치를 중심으로 반응한다는 점이다. 모든 상황을 나의 깔대기로 받아들이고 이해한다. 운전을 하다가 갑자기 앞의 차가 끼어들면,

돈이 중요한 사람은 좋은 차를 타야 된다고 생각하고, 명예가 중요한 사람은 나를 무시한다고 생각하고, 권력이 중요한 사람은 나에게 도전한다고 생각한다. 쾌락이 중요한 사람은 나의 즐거움을 방해한다고 생각한다. 똑같은 상황이 모든 사람에게 다르게 이해되고 받아들여진다. 나의 중심 가치가 다르기 때문이다.

이러한 것들을 살펴보면서 나에게 가장 중요한 가치가 무엇인지를 찾아야한다. 성경공부를 하면서 찾게 되기도 하지만 한 주간 묵상하고 고민을 하면서 찾기도 한다. 때로는 성경공부가 끝나고 찾아지기도 한다. 중요한 것은 그것을 찾게 되면, 내 삶을 이해하게 되고, 복음을 향한 발걸음을 내딛게 된다.

당신에게 가장 중요한 가치는 무엇인가?

그 무엇을 포기하면서도, 결코 포기할 수 없는 가치는 무엇인가?

2과를 마무리하면서

2과를 마무리하면서 우리가 이 땅을 살아갈 때 붙들고 살아가는 중요한 가치가 있음을 알게 된다. 내 마음대로, 내 뜻대로, 자유롭게 살아왔다고 생각했는데, 그것을 중심으로 생각하고, 그것을 중심으로 결정하고, 그것을 중심으로 선택하며 살아온 것이다.

2과를 마무리하며 그것이 무엇인지를 찾아야 한다.

Home Work

2과를 마무리하면서 숙제

2과를 마무리하면서 한 주간 해야 할 숙제가 있다.

첫째, 만약 여러분이 중요하게 붙들고 있는 그 가치를 하나님께서 "내려놓으라"고 하시면 어떻게 할 것인가?

지금까지 중요한 가치로 붙들고 살아왔는데, '내려놓는다'는 의미는 그 반대의 상황들이 일어난다는 의미이다. 돈과 명예와 권력 그리고 즐거움과 반대되는 일들이 계속 일어난다는 뜻이다. 무시당하고, 인정받지 못하고, 내 뜻대로 하지 못하게 되고 등등, 다른 상황이 일어나게 된다. 동시에 내가 그것을 추구하며 살아가지 않는 것을 의미한다. 그것을 위해서 내 감정과 시간을 쏟아붓지 않고 살아감을 의미한다. '하나님이 내려놓으라'고 하시면 어떻게 할 것인가?

여기에서 '나는 쉽게 내려놓을 수 있다'고 한다면, 그것이 정말 나에게 중요한 가치인지 되돌아봐야 한다. 그렇게 쉽게 포기할 수 있다면, 나에게 그리 중요한 것이 아니라는 의미이기 때문이다. 다시 한 번 깊게 생각해보라.

둘째, 창세기 22:1-9의 말씀을 묵상해보라

여러분이 아브라함이 되고, 이삭의 자리에 여러분이 가장 소중하게 여기는 것을 놓고 묵상해보라. 가장 소중한 것을 가지고, 모리아 산으로 향하여 보라. 그리고 그것을 가지고 모리아 산에 도착해서 칼을 들어보라. 어떠한지 묵상해보라.

누군가 3절의 말씀을 묵상하면서, '아브라함이 아침에 일찍이 일어나' 부분을 묵상하면서 이렇게 말한다. "목사님! 왜 아침에 일찍이 일어났겠어요? 순종이라구?, 아니요! 일찍 일어난게 아니라 밤새 잠을 못 이룬거죠. 얼마나 생각이 많고 답답했겠어요?" 너무나 솔직한 묵상이고, 통찰력 있는 이야기다. 이렇게 그 스토리 안에 내가 들어가 보라. 그리고 아브라함이 되어서 이삭을 데리고 모리아 산으로 가보라.

chapter 3

성경은 내 인생을 무엇이라고 말할까?

Chapter 2의 숙제를 나누며

Chapter 2의 숙제는 쉽지 않다. 숙제한 것을 다른 사람들과 나눠보자.

대부분의 사람들은 내려놓을 수 없다고, 포기할 수 없다고 말한다. 숙제를 생각하고 묵상하는 내내 무기력해지고, 포기하고 싶어지고, 아무 것도 하기 싫어졌다고 말한다. 그리고는 절대로 포기할 수 없다고 이야기를 한다. 그것을 내려놓는다면, 내가 존재하는 의미도 없다고 말한다. 그렇다면 이제는 내 삶에 대해서 성경이 뭐라고 말하는지 살펴보자.

개인적인 이야기를 하면, Chapter 2를 공부하다가 '하나님께서 내려놓으라고 하시면 어떻게 하겠느냐'는 질문을 묵상하면서 선교사님을 만나러 갔다. 새벽기도를 마친 후, 그 질문을 가슴에 안고 기흥을 향하는데 한남IC부터 판교 톨게이트까지 펑펑 울면서 갔다. 앞이 보이지 않을 정도로 눈물이 났다. 왜냐하면 머리로는 알겠는데 도저히 내려놓을 수 없었기 때문이다. 그리고 하나님을 향하여 내 자신이 이렇게 말을 하는 것이다. "하나님! 저 이것까지 없으면 죽어요! 지금까지 어떻게 왔는데…이것을 버리라고 하세요?" 내려놓을 자신도 없었고, 솔직하게 내려놓고 싶지 않았던 것이다.

누구도 쉽게 내려놓을 수 없다. 그 누구도 자신있게 내려놓았다고 말할 수 없다. 그리고 그것을 이상하게 생각하지마라. 너무나 당연한 것이다.

하나님께서 디자인 하신 모습

우리의 현실을 되돌아보면 너무나 복잡하다. 쉬운 것 하나 없고, 모든 것이 너무나 복잡하다. 이제 우리의 관점을 돌려 하나님께로 향해보자.

그러면 하나님께서 이 땅을 창조하실 때 디자인하셨던 모습은 무엇일까? 이 땅의 모든 것들을 향하여 하나님께서 생각하시고, 계획하신 의도와 마음은 무엇이셨는지를 살펴볼 필요가 있다. 그것은 창세기에 전반적으로 나타나지만 창세기 1:27-28에 요약적으로 나타나있다.

> 하나님이 자기 형상 곧 하나님의 형상대로 사람을 창조하시되 남자와 여자를 창조하시고 하나님이 그들에게 복을 주시며 하나님이 그들에게 이르시되 생육하고 번성하여 땅에 충만하라 땅을 정복하라 바다의 물고기와 하늘의 새와 땅에 움직이는 모든 생물을 다스리라 하시니라

짧은 이 말씀 속에서 하나님과 인간과의 관계, 내 자신과의

관계, 다른 사람들과의 관계, 그리고 인간과 세상과의 관계가 드러나 있다. 하나씩 살펴보자.

첫째, 하나님과 인간과의 관계

하나님께서 창조하실 때 디자인하셨던 하나님과 인간의 관계는 어떤 것일까?

> "하나님께서 인간을 창조하셨고, 복을 주셨고, 그들에게 명령하셨다"

바로 이것이 하나님께서 디자인하신 인간과의 관계이다. 이것을 도표로 만들어보면 아래와 같다.

하나님		인간
창조주	사람을 창조하시되	피조물
복을 주시는 분	그들에게 복을 주시며	복을 받는 자
명령(기준)하시는 분	그들에게 이르시되	순종하는 자
공급자		공급받는 자

이러한 관계가 보여주는 것은 인간의 존재 의미는 바로 하나님과의 관계에서만 찾을 수 있음을 보여준다. 하나님 없는 인간은 의미가 없는 것이다. 그리고 하나님의 자리가 있고, 인간의 자리가 있음을 이야기하며, 우리가 서 있어야 할 자리가 어디인지를 말해준다. 레슬리 뉴비긴은 이렇게 말한다.

> 사람의 사람다움은 그 자체 속에 있지 않고, 그 자신과 하나님과의 관계 속에 있는 것이다. 만일 이 관계가 파괴되면, 그는 더 이상 인간이 아니라 짐승이 되고 만다. 사람의 사람다움은 하나님을 믿고, 사랑하고 순종하는 그분과 맺고, 하나님의 사랑을 받으며 살아가는데 달려 있다는 말이다. 사람이 하나님에게 등을 돌리면 그 형상은 비뚤어지고 망가져 버린다.[15]

둘째, 내 자신과의 관계

하나님께서 창조하실 때 디자인하셨던 내 자신은 어떤 것일까?

"하나님의 형상대로"

인간은 하나님이 자신의 형상대로 지음 받은 아주 특별한 존재다. 앤드류 M. 데이비스는 『복음이 핵심이다』에서 이렇게 말한다.

> 하나님의 형상이란 무엇일까? 최소한 두 가지 중요한 의미에서 인간에게는 하나님의 형상이 있다. 첫째, 인간의 성품이다. 우리에게는 하나님을 닮은 능력(사고하고, 추론하고, 계획하고, 사랑하고, 선택하고, 바라고 소통하는 능력)과 성품(의로움, 거룩함, 자비로움, 긍휼, 지혜 등)이 있다 둘째, 인간의 지위다. 하나님은 인간에게 지구를 다스리는 일을 맡기셨다.[16]

고대 근동지방에서는 왕을 일컫는 독특한 단어들 중에 '하나님의 형상'이라는 의미의 단어가 있었다. 인간이 하나님의 형상대로 창조되었다는 것은 왕적인 존재로 지음을 받았다는 것이다. 다시 말하면 존귀하고, 소중하고, 귀한 존재라는 말이다. 하나님께서 우리를 하나님의 형상대로 그렇게 아름답게 멋지게 소중하게 지으셨음을 말한다.

셋째, 다른 사람과의 관계

하나님께서 창조하실 때 디자인하셨던 다른 사람과의 관계는 어떤 것일까?

"남자와 여자를 창조하시고"

바로 평등하게 지으신 것이다. 하나님께서 이 땅의 사람들을 차별없이 평등하게 지으셨다. 바로 이것이 기독교를 통하여 이 땅 가운데 이뤄져야 할 가치이기도 하다. 이슬람에서 기독교를 반대하는 이유 중 하나가 이것이다. 기독교가 들어오면, 그들이 가지고 있는 여성에 대한 여러 가지 차별이 폐지되어야 하기 때문이다. 우리나라 역시 100여년 전 만해도 남자와 여자가 양반과 노비가 함께 할 수 없었다. 그러나 복음이 들어오면서 급격한 변화가 나타났다. 바로 하나님 앞에서 모든 사람들이 평등하게 지음 받았다는 그 말씀에서 시작된 변화인 것이다.

그러기에 한 사회에 복음이 들어가면 변화가 일어난다. 모든 차별이 무너지게 된다. 이유는 바로 하나님의 디자인하신 관계 때문이다. 모든 이들을 존귀한 존재들이며, 하나님 앞에 평등한 존재들이기에 그 사회의 차별적인 요소들이 깨져버리기 때문이다.

넷째, 세상과의 관계

하나님께서 창조하실 때 디자인하셨던 인간과 세상과의 관계는 무엇일까?

"다스리라 하시니라"

하나님은 인간을 '다스리는 자'로 세워주셨다. 이것은 힘으로, 무력으로 다스리는 것이 아니다. 성경에서 '다스린다'는 말은 하나님이 피조물을 다스리시는 것과 같은 방식으로 다스리는 것을 의미합니다. 피조물의 본래 가치를 존중하며, 하나님 지으신 그 모습을 보호하고, 양육한다는 의미이다.

깨어진 관계

하나님께서 디자인하신 모든 관계와 모습을 살펴보았다. 그렇다면 되돌아보자. 지금 이러한 관계와 모습이 어떻게 되어있는가? 어떤 모습인가?

하나님과 인간과의 관계는 어떻게 되어있는가?

인간은 하나님이 없다고 말한다. 그들이 자신들이 기준이 되고, 자신이 공급자가 되어서 끊임없이 이 세상의 주인이 되려고, 중심이 되려고 애를 쓰고 있다. 하나님의 자리에 인간이 앉으려고 한다. 하나님과의 관계는 철저하게 깨어져 있다.

내 자신과의 관계는 어떻게 되어있는가?

하나님께서 그토록 존귀하고, 소중하게 지으셨음에도 우리는 우리 자신을 너무 싫어하고, 혐오하고, 때로는 저주한다. 다른 사람들과 비교하면서 낙심하고 절망한다. 심지어는 자신의 생명을 버리기까지 한다. 내 자신과의 관계도 철저하게 깨어져 있다.

다른 사람과의 관계는 어떻게 되었는가?

하나님께서 평등하게 지으셨음에도 우리는 경제적, 사회적인, 인종적인 차별을 한다. 나는 그들과 다른 존재라고 생각하며, 사람들을 무시하고, 함부로 대한다. 내가 만나는 사람들이 모두가 존귀한데 우리는 사람들을 그들의 직업과 경제적 수준 등으로 평가하며 차별한다. 그들이 나보다 열등하고, 부족하고, 모자른 존재라고 생각하며, 무시한다. 다른 사람과의 관계 역시도 깨어졌다.

인간과 세상과의 관계는 어떻게 되었는가?

하나님께서 인간에게 '세상을 다스리는 자'로 세워주셨음에도 인간은 다스리는 자가 아니라, 정복자로, 세상을 파괴한다. 인간을 중심으로 자연을 파괴하며, 인위적인 조작을 통해서 자신들의 이익을 만들어낸다.

전세계를 공포에 떨게 했던 광우병이 무엇인가? 몇몇 사료가공업자들이 죽은 동물 및 그 부산물을 소의 성장을 촉진하기 위해 동물을 사료로 가공하는 방식을 채택하면서 생겨진 것이다. 인간의 탐욕이 만들어진 것이다.

때로는 애완동물이 가정의 중심이 되곤 한다. 동물을 중심으로 가정의 모든 흐름이 진행되기도 한다. 인간과 세상과의 관계 역시 깨어졌다. 어떤 TV 코미디 프로그램에서 집안의 서열을 정리하는데, "1번은 엄마, 2번은 큰 딸, 2번 아들, 3번은 작은 딸, 4번은 애완견, 5번은 아빠!"라는 말이 나오기까지 한다.

관계가 깨어진 이유

이러한 관계가 깨어진 이유는 무엇인가? 탐욕, 이기심, 분노 등 여러 가지로 이야기할 수 있다. 많은 사람들은 그 이유를 찾으려고 애를 썼다. 정치, 경제, 사회, 문화적으로 이것을 해결하려고 애를 썼고, 노력을 했다. 그러나 해결할 수 없었다. 눈에 보이는 현상을 넘어 근본적인 이유에 대한 이해가 없이 답이 나올 수 없기 때문이다. 그렇다면 성경에서 이야기하는 이유를 들어봐야 하지 않을까?

성경이 제시하는 이유

이러한 관계가 깨어진 이유를 성경은 무엇이라고 말하는가? 바로 죄다. 죄로 인해서 하나님께서 디자인하신 모든 관계가 다 깨어졌다고 말한다.

그렇다면 한 가지 물어보자. 죄가 무엇인가? 아래에 적어보자.

✎_

이 질문에 대해서 많은 사람들은 당황한다. 그리고 대부분 이렇게 대답한다.

"하나님이 싫어하시는 것"

"말씀에 순종하지 않는 것"

"하지 말라는 것을 하는 것"

"십계명을 어기는 것"

그리고 한 가지 더 물어보자. 그러면 당신은 죄인이라고 생각하는가?

이 부분에서 많은 사람들은 자신들의 본심을 드러낸다.

"아담과 하와의 원죄 때문에 죄인이라고 하던데요"

"죄인이라고 하는데… 내가 왜 죄인인지 잘 모르겠어요"

"죄인이지요. 내가 얼마나 많은 죄를 졌는데요… 죄인이죠… 죄인"

죄란 무엇인가?

죄에 대한 개념이 정리되지 않는다면, 예수님은 필요 없는 것이다. 예수님을 왜 믿는지 모르는 것이다. 왜냐하면 예수님은 우리 죄의 문제를 해결하려고 오셨기 때문이다. 바로 이것이 우리 신앙의 본질이며, 핵심이다. 바로 이 부분에 대한 정리가 될 때, 비로소 우리의 존재가 분명해지며, 우리 삶에 복음이 필요함을 깨닫게 된다. 성경에서는 죄가 무엇이라고 말하지 않고 하나의 사건을 보여준다.

먼저 창세기 2:16-17 말씀을 읽어보자.

> 16여호와 하나님이 그 사람에게 명하여 이르시되 동산 각종 나무
> 의 열매는 네가 임의로 먹되 17선악을 알게 하는 나무의 열매는
> 먹지 말라 네가 먹는 날에는 반드시 죽으리라 하시니라

이것은 하나님께서 아담과 하와에게 하신 명령이다.

그리고 창세기 3:1-4까지의 말씀을 찾아보자. 하와와 뱀의 대화이다.

> 1그런데 뱀은 여호와 하나님이 지으신 들짐승 중에 가장 간교하
> 니라 뱀이 여자에게 물어 이르되 하나님이 참으로 너희에게 동
> 산 모든 나무의 열매를 먹지 말라 하시더냐 2여자가 뱀에게 말하
> 되 동산 나무의 열매를 우리가 먹을 수 있으나 3동산 중앙에 있

는 나무의 열매는 하나님의 말씀에 너희는 먹지도 말고 만지지
도 말라 너희가 죽을까 하노라 하셨느니라 [4]뱀이 여자에게 이르
되 너희가 결코 죽지 아니하리라

'하나님 말씀하신 것'과 '하와와 뱀의 대화'를 살펴보고 차이점을 찾아보라.

이렇게 대화를 하다가 뱀이 하와에게 결정적인 이야기를 한다.

[5]너희가 그것을 먹는 날에는 너희 눈이 밝아져 하나님과 같이 되어 선악을 알 줄 하나님이 아심이니라

이것을 다시 한 번 우리가 쓰는 말과 언어와 느낌으로 표

현해보자.

"하와야! 하나님께서 왜 선악과 먹지 말라고 한 줄 알아? 그거 먹으면 네가 하나님처럼 되는 것이 싫으셔서 먹지 말라고 하신 거야!"

여러분이 하와의 입장이라면 뱀의 이 말을 듣고 어떻게 반응하겠는가? 뱀의 이야기를 듣고 하나님을 향하여 어떤 마음, 어떤 생각이 들겠는가?

많은 분들이 뱀의 이야기를 듣고 고민에 빠졌다. 혼란스러워했다.

"사탄아 물러가라! 그렇게 말했지만, 마음에 계속 의심이 든다"

“정말 그럴까? 그럴 수 있지”

“그렇지! 내가 그럴 줄 알았어. 처음부터 먹지 말라고 할 때 알아봤어”

뱀의 이야기를 듣고 의심이 들 수 있다. 하나님을 향한 서운한 마음과 배신감 등 여러 가지 감정이 들었을 것이다. 그 후에 하와는 선악과를 먹는다.

> 6여자가 그 나무를 본즉 먹음직도 하고 보암직도 하고 지혜롭게 할 만큼 탐스럽기도 한 나무인지라 여자가 그 열매를 따먹고 자기와 함께 있는 남편에게도 주매 그도 먹은지라

그렇다면 하와가 선악과를 ‘먹었다’는 것은 어떤 의미일까? 바로 하와가 하나님이 되겠다는 뜻이다. 하나님의 자리에 앉겠다는 의미다. 다시 말하면 하나님께서 창조하실 때 디자인하셨던 관계와 자리. 인간이 인간의 자리가 아니라 하나님의 자리에 서겠다는 것이다. 성경은 바로 그것을 죄라고 말한다.

인간(하~~나~~님)		인간
창조주	사람을 창조하시되	피조물
복을 주시는 분	그들에게 복을 주시며	복을 받는 자
명령하시는 분	그들에게 이르시되	순종하는 자
공급자		공급받는 자

이 땅의 모든 문제

성경은 이 땅의 모든 문제는 바로 '죄'가 원인이라고 말한다. 인간은 하나님과의 관계에서 인간의 자리에 서야 하는데, 인간이 ~~창조주~~가 되고, ~~복을 주는~~ 자가 되고, 명령(기준)하는 자가 되고, 공급자가 되려고 하기에, 갈등이 생긴다고 말한다. 공급을 받는 자가 공급자가 되려고 하니 공급의 부족이 생기고 갈등이 생기는 것이다.

2차 세계대전 연합군 사령관이었던 몽고메리가 쓴 『전쟁의 역사』라는 책에 보면 이렇게 말한다.

> 전쟁은 역사의 근본적인 일부분이다. 왜냐하면 전쟁은 삶의 여러 핵심 요소와 관련이 있기 때문이다. 음식과 안전한 거주지는

원시인에게 절대적으로 필요한 것이었다. 물론 현재 우리에게도 그렇다. 그러나 인간이 필요로 하는 그런 것들은, 배우자나 재산, 권력, 위신 등 인간의 욕구에 속하는 다른 많은 것들과 마찬가지로 흔히 공급 부족상태에 있었다. 개인이나 집단이 끊임없이 서로 싸웠던 근본적인 이유는 그러한 경제적 현실에 있었다. 즉 최소한의 생존 여건을 위해 항상 경쟁을 해야만 했던 것이다.[17]

예를 들어, 나에게 5개가 필요한데 2개밖에 없다면 나머지는 3개는 공급부족 상태이다. 어떻게 할 것인가? 내가 '공급받는 자'로 살아갈 때는 공급을 받을 수 있지만, 내가 '공급자'가 된다면 공급해주는 자가 없기에 스스로 공급자가 되어야 한다. 다시 말하면, 나머지 3개는 다른 사람에게서 빼앗아와야 하는 것이다. 바로 이것이 전쟁이 아닌가? 바로 이것이 사람들간의 다툼이 아닌가? 바로 이것이 지금 이 땅에서 일어나는 갈등의 본질이다.

죄의 개념

죄의 개념을 다시 한 번 정리해보자. 사회에서 이야기하는 죄와 종교에서 이야기하는 죄와 기독교에서 이야기하는 죄에 대한 개념을 이야기할 때, 죄의 개념이 더 분명해진다.

나무 그림이다. 뿌리도 나무이며, 줄기와 가지도 나무이며, 잎사귀도, 나무이며, 열매도 나무이다. 이것을 가지고 죄에 대한 개념을 설명해보자.

성경에서 이야기하는 죄의 개념은 본질적인 죄의 뿌리에 해당되는 부분이다. 내가 하나님의 자리에 있는 것, 내가 중심이 되는 것! 바로 죄의 뿌리를 다룬다.

일반적인 종교에서는 죄의 줄기, 마음의 영역을 다룬다. 고

등 종교일수록 외면이 아니라, 내면과 마음을 다룬다. 마음이 잘못되었기에 문제가 생긴다고 말한다.

윤리, 도덕, 사회에서는 죄의 열매를 다룬다. 뿌리와 마음의 문제가 아니라 눈에 드러나는 것을 죄라고 말한다. 마음으로는 범죄해도 행동으로 드러나지 않으면 법적으로 아무런 문제가 안된다. 보통 우리가 죄라고 말하는 것은 눈으로 드러나고, 나타나는 죄의 열매이다.

우리가 기억해야 할 것은 죄의 열매보다 더 중요한 것은 그것의 뿌리가 무엇이냐는 것이다. 그것은 바로 내가 하나님의 자리에 서 있는 것. 내가 하나님이 되려는 것! 바로 그것에서부터 시작했다는 것이다. 바로 그것이 '죄'라고 말한다. 기독교는 죄의 근본적인 것을 다룬다. 우리에게 나타나는 죄로 인한 열매를 볼 때, 열매보다 더 중요한 것은 그 열매의 뿌리가 무엇인지를 다시금 기억해야 한다. 나에게 나타나는 열매들은 무엇인가? 분노, 염려, 걱정, 불안함 등이다. 이러한 열매보다 더 중요한 것은 이 모든 것의 뿌리를 아는 것이다.

래리 크랩은 『고통 속에서 하나님을 발견하다』에서 이렇게 말한다.

죄로 치우치는 우리의 성향은 하나님이 완전히 선한 분은 아니라는 의심에 뿌리를 둔다. 하나님의 선하심을 의심하는 태도야말로 이 타락한 구조의 기반이다.[18]

그러면서 인간 본성의 타락한 구조를 도표를 통해시 보여준다. 바로 하나님을 신뢰하지 못하는 것에서 우리의 문제들이 비롯되었음을 이야기한다. 그리고 최종적으로 내가 살아남기 위해서 붙드는 것은 결국 '돈, 명예, 권력, 쾌락'을 붙든다. 그것이 나를 살려주고 지켜주고 구원해줄 것이라고 믿기 때문이다. 그리고 이것에 집착하는 정도가 커질 때, 이것을 '중독'이라고 말한다.

삶의 문제들

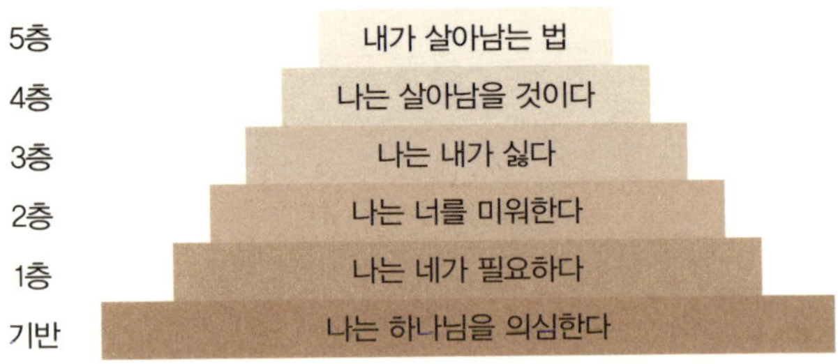

우리에게 나타나는 모든 문제들의 가장 밑바닥이 무엇이냐? 바로 내가 하나님을 신뢰하지 못하는 것, 내가 하나님을 의심하는 것이다. 그래서 내가 하나님이 되려고 하는 것, 바로 그것이 삶의 문제의 기초가 되는 것이다.

내 삶을 되돌아보면서

여기에서 우리의 삶을 되돌아보며, 다시 한 가지 질문을 해보자.

2과에서 내가 붙들고 있었던 것은 무엇이었는지 다시 한 번 생각해보자. 그리고 '하나님이 내려놓으라고 하시면 어떻게 하겠냐'는 질문에 대부분 내려놓을 수 없다고 말을 했다. 내려놓지 못하는 이유는 무엇인가?

내가 소중하게 여기는 그것이 하나님의 자리에 있고, 내가 하나님 자리에 있기 때문이다. 뱀이 하와에게 했던 말과 너무나 똑같이 사탄이 우리를 유혹한다. "그것만 있으면 완벽해진다", "그것만 있으면 행복해진다" "그것만 있으면 하나님처럼 될 수 있다" 바로 그러한 유혹에 우리 삶이 붙들려 있는 것이다.

나는 열심히 살았고, 최선을 다해서 살았지만 성경은 그것의 본질이 바로 '죄'라고 말한다. 내 평생과 내 일생 자체가 '죄'였음을 너무나 자명하게 보여주는 것이다. 내가 하나님 자리에 있을 때, 무엇을 열심히 하든 그 결과는 사망이며, 죽음이다. 리디머교회의 팀 켈러는 『거짓 신들의 세상』에서 이렇게 말한다.

> 하나님만이 줄 수 있는 의미, 희망, 행복을 피조물로부터 얻으려고 하다가는 결국 실패하고, 마음이 산산조각 난다.[19]

어떤 분과 성경공부 2과를 마무리 하는데 하나님께서 내려놓으라고 하시면 어떻게 하냐고 물었더니 어떤 분이 이렇게 답하셨다.

> "목사님! 하나님께서 내려놓으라고 하시면 내려놓겠습니다!"

이 말을 듣고 가슴 철렁했다. 왜냐하면 예수님은 이미 그 말씀을 하셨기 때문이다. 예수님을 믿는다는 것은 내가 주인 삼고 있었던 것을 내려놓는다는 것이다. 내가 붙들고 있는 것을 내려놓는다는 의미이다. 그런데도 '내가 소중하게 여기는 것'과 '예수님'을 함께 붙들고 있는 것이다. 도대체 우리는 뭐 하는 것일까?

> "한 사람이 두 주인을 섬기지 못할 것이니 혹 이를 미워하고 저를 사랑하거나, 혹 이를 중히 여기고 저를 경히 여김이라"(마 6:24)

어쩌면 우리는 내가 붙들고, 주인삼고 있는 것을 위해서 예수님을 이용하고 있는지도 모르겠다. 내가 붙들고 있는 것을 더 잘되게 하는데 도움되는 예수님! 바로 그런 예수님을 믿고 있는 것은 아닌지 생각하게 된다.

목사님들이 설교하면서 '내려놓음'을 전하신다. 그런데 우리는 무엇을 내려놔야 하는지 잘 모른다. 왜냐하면 무엇을 붙들고 있는지 모르기 때문이다. 우리의 기도를 되돌아보자. 우리는 무엇을 위해서 그렇게 열심히 기도했는가? 열심히 매달려서 하나님께 나아갔는가? 아마도 2과에서 나눴던 우리가 그토록 포기할 수 없었던 돈, 명예, 권력, 쾌락일 것이다. 열심히 믿었고, 최선을 다했다.

왜 그렇게 열심히 믿었던 것일까? 결국 내가 붙들고 있는 그 가치를 위해서, 그 가치가 잘 되도록 하나님이 필요했던 것은 아닐까? 하나님을 이용한 것이다. C.S 루이스는 『스크루테이프의 편지』에서 사탄의 전략을 이렇게 말한다.

> 기독교가 진리이기 때문이 아니라, 무언가 다른 이유 때문에 믿으라는 것, 이게 바로 우리 수법이야.[20]

하나님을 믿은 것이 아니라, 다른 이유 때문에 더 정확하게 말하면, 내 자신을 위해서, 내 자신이 붙드는 가치를 위해서 하나님을 믿게 만드는 것이다. 그러기에 하나님께서는 이스라엘 백성들의 죄악에 대해서 이렇게 말씀하신다.

> 내 백성이 두 가지 악을 행하였나니, 곧 그들이 생수의 근원되는 나를 버린 것과 스스로 웅덩이를 판 것인데, 그것은 그 물을 가두지 못할 터진 웅덩이들이니라(렘 2:13)

바로 이것이 우리의 모습을 정확하게 보여주는 것이다. 생수의 근원을 버리고, 스스로 생수의 근원이 되려고 하는 것이다. 그런데 그 노력은 쓸모없는 것임을 하나님께서 말씀하신 것이다.

구체적인 나의 죄

죄란 일반적인 개념이지만 개인에게 적용될 때는 구체적인 모습으로 드러납니다. 그렇다면 내가 붙들고 있던 '구체적인 죄'는 무엇이며, 그 죄의 열매는 무엇인가? 그것을 아래에 적어보자.

또한 내가 붙들고 있는 죄의 대가, 죄의 결과는 무엇인가?

"죄의 삯은 사망이요."(롬 6:23)

내가 지금까지 살아오면서 나를 지켜주고, 나를 보호해주는 것을 붙들고 살아온 것이 결국은 사망으로 가게 한다. 죽음이라는 것이다. 나는 그것이 살 길이라고 생각했는데, 그것만 있으면 내 인생이 행복할 것이라고 생각했는데, 결국 그것은 죽을 길이었다. 나는 맞다고 생각하며 살아왔는데, 그것이 틀렸다고 성경은 말한다.

그러기에 성경은 인간에 대해 선언한다. Nothing이다! 답이 없다! 희망이 없다! 가능성이 없다! 기대할 것이 없다! 틀렸다! 성경의 언어로 표현하면 '죄인이다' 바로 그것이 당신을 향하여, 그리고 나를 향하여 성경이 내리는 정의이다.

뿌리채 뽑혀 있는 사람들

가끔 성도님들과 이야기를 나누다보면 예수님을 믿지 않지만 모든 일이 잘 되는 집안 이야기를 하신다. 교회를 다니지 않지만 자녀들도 잘되고, 건강하고, 회사도 잘되고, 아무런 문제가 없이 잘 사는 것을 보면 부럽다고 말한다.

그런데 성경이 그들을 향하여 하시는 말씀은 단순하다.

"…그는 허물과 죄로 죽었던…"(골 2:1)

죽었다는 것이다. 끝났다는 것이다. 더 이상 바라볼 것 없이 그의 생명은 끝났다고 한다. 예를 들어, 뿌리채 뽑힌 나무가 길거리에 널부러져 있다고 생각해보자. 잎도 푸른 색이고, 열매도 많이 있다. 너무나 풍성한 잎과 열매를 갖고 있다 이 나무는 죽은 것인가? 살아있는 것인가?

우리의 관점으로 말하면 죽어가는 것이다. 아무리 풍성할찌라도 뿌리에서 뽑혀진 나무는 죽은 것이고, 죽어가는 것에 불과하다. 지금은 생명이 있을 수 있지만, 시간이 갈수록 매말라 죽어가는 것이다. 또한 하나님의 관점으로 본다면 죽은 것이다. 시간이라는 개념은 인간에게만 적용되기에 하나님께는 적용되지 않는다. 그러기에 그런 인생을 향한 하나님의 정의는 간단하다. "죽었다!"

죽은 것이 부러운가? 죽어가는 것이 그렇게 좋아보이는가? 아무리 풍성한 열매를 갖고 있고, 잎이 푸르다할찌라도 그 나무는 죽은 것이다. 그것이 본질이다. 우리의 영적인 관점과 시야가 달라져야 한다. 말씀을 기준으로 다시 바라보고 이해해야 한다. 공급자를 잃어버린 것은 곧 죽음이다. 답이 없다. 더 기대할 것이 없는 것이다.

우리의 모습을 보여주는 그림책이 있다. 바로 앤서니 브라운이 쓴 『겁쟁이 빌리』이다.[21] 겁쟁이 빌리의 내용은 이렇다.

> 빌리는 걱정이 참 많은 아이다. 모자, 신발, 구름, 비, 커다란 새 등 모든 것을 걱정했다. 빌리는 너무 걱정이 되어 할머니께 자신의 걱정 이야기를 하자, 할머니는 인형을 하나 주시면서, "빌리야! 잠들기 전에 이 인형들에게 너의 걱정을 한 가지씩 이야기하고 베게 밑에 넣어 두렴. 네가 자는 동안 이 인형들이 대신 걱정을 해 줄거야" 다독여주시면서 걱정인형을 주셨다. 빌리는 계속 걱정인형에게 자신의 걱정을 이야기 했다. 하지만 빌리는 이제 걱정인형이 걱정되어서 걱정인형을 위한 다른 걱정인형들을 만들었다.

지난 시간 우리의 모습과 삶을 되돌아보자. 왜 그렇게 불안해하는가? 왜 그렇게 두려워하고 걱정하고 있었는가? 내가 창조주에 자리에 있었기 때문이다. 내가 복을 주는 자의 자리에 있었기 때문이다. 내가 명령하는자, 기준의 자리에 서 있었기 때문이다. 내가 공급자의 자리에 있었기 때문이다. 그렇기에 우리 인생이 그렇게 힘들었던 것이다. 그 자리에서 내가 아무리 노력하고, 애쓰고, 최선을 다한다고 해서 달라지는 것이 있겠는가? 결국 그 자리의 결과는 죽음이며, 사망이다.

3과를 마무리하면서

1, 2과를 통하여 우리는 우리 삶의 본질을 볼 수 있었다. 그것은 바로 죄다.

열심히 최선을 다해 살았다고 했지만 그것의 본질은 바로 죄였고, 그것을 붙들고 살아봐야 우리 삶은 소망이 없음을, 답이 없음을, 기대할 것이 없음을 성경은 말한다. 성경적인 표현으로는 죄인이며, 사망이라고 말한다. 바로 이것이 우리의 모습이며, 인간의 결론이다.

Home Work

3과를 마무리하면서 숙제

죄가 무엇인지 알았다면, 그것을 중심으로 나의 관계를 되돌아보라. 내 자신에 대해서, 내 가족에 대해서, 내 친구들과 동료들과의 관계에서 다시금 살펴보라.

Check Point

GOOD NEWS가 GOOD NEWS인 이유

이 부분에서 한 가지 정리를 하고 넘어가면 좋겠다.

GOOD NEWS가 GOOD NEWS가 되는 이유는 바로 BAD가 있기 때문이다.

복음의 구조는 BAD & GOOD NEWS이다.

BAD가 없는 GOOD NEWS는 존재하지 않는다. 그러나 한국교회는 지금까지 GOOD NEWS만을 이야기해왔다. 그러기에 GOOD NEWS를 들으면서, 그것이 왜 GOOD NEWS인지 모른다. 늘 들어왔기 때문이다. 그러기에 복음에 대한 감격과 기쁨도 사라져버렸고, 복음의 자리에 자기 의와 의무만이 남아있는 것이다. 이러한 한국교회의 모습 속에서 성도들에게 나타나는 모습이 있다.

첫째, 예수님을 믿지만, 나는 아무런 문제가 없다고 하는 사람

둘째, 죄인이지만, 나는 잘 살고 있다고 하는 사람

셋째, 예수님을 믿지만, 내 것은 포기할 수 없다고 하는 사람

넷째, 예수님을 믿지만, 내 말이 옳다고 우기는 사람

다섯째, 나는 틀렸지만, 내 뜻대로 하겠다는 사람

여섯째, 하나님 영광 위해서 내가 하고 싶은대로 하겠다는 사람

일곱째, 예수님을 믿지만, 나는 죄인이 아니라고 하는 사람

3과에서 배운 것처럼 예수님을 믿는다는 것은 "내가 틀렸습니다!" "나에게 답이 없습니다!" "내가 붙든 방법은 틀렸습니다!"라는 고백에서 시작된다. 이 고백없이 예수님을 믿고 있다면, 정말 예수님을 믿는 것인지 생각해 봐야한다. 나에 대한 철저한 절망, 바로 여기에서부터 복음은 시작된다.

그러기에 래리 크랩은 『교회를 교회되게』라는 책에서 이렇게 말한다.

나는 늘 고백록 같은 책을 쓰고 싶었다. 연예잡지처럼 사생활이나 들추어내는 식이 아니라, 어거스틴의 참회록에 가까운 책을 말이다. 어거스틴은 하나님을 위하여 최초로 자기 내면의 싸움을 털어놓은 사람이다. 내가 혹시라도 그런 책을 쓴다면 제목은 "나도 엉망이고, 너도 엉망이다" I'm a Mess, You're a

Mess라고 정하고 싶다.[22]

복음을 고백하는 사람은 내가 엉망이라는 것을 안다. 그러기에 상대방의 엉망에 대해서 비난하거나 정죄하지 않는다. 왜냐하면 나 역시 다르지 않기 때문이다. 내가 엉망인데 누구를 향해서 엉망이고, 잘못되었고, 틀렸다고 비난하고 정죄할 수 있겠는가? "당신도 엉망이고, 나도 엉망이고, 그러기에 우리는 예수님 바라보며 살아야합니다!" 바로 이것이 복음을 고백하는 공동체의 모습이다.

그러기에 인간의 실존과 본질에 대해서 그리고 내 자신에 대해서 BAD라는 결론이 내려지지 않는다면, GOOD NEWS라는 것은 의미가 없어진다. 인간이 철저하게 BAD라는 고백을 하지 않으면 인간은 자신에게 남은 1%의 힘으로, 능력으로, 자신의 방법으로 살려고 한다. 바로 그것이 율법의 모습이며 죽음으로 향하는 길이다.

기독교와 자기계발서의 가장 큰 차이

그렇다면 기독교와 자기계발서의 가장 큰 차이는 무엇인

가? 자기계발서는 '할 수 있다'고 말한다. '노력하라'고 말한다. '도전하라'고 말한다. 그러나 기독교는 죄된 모습으로는 '불가능하다'고 말한다. '할 수 없다'고 말한다. '노력해봐야 불가능하다'고 말한다. 뿌리가 잘못 되었기에 아무리 열심히 해봐야 사망이며, 죽음의 길이라고 말한다. 더 노력해봐야 더 어긋나고, 깨어지고, 상하게 된다고 말한다.

야구에서 투수가 포수에게 공을 던지는 거리는 18.44미터이다. 투수가 공을 던지는 포인트에서 1도라도 차이가 나면 포수가 받을 때는 32cm가 차이난다. 출발점이 잘못되면 아무리 열심히 가고, 열심히 달려도, 결론은 틀리게 되어 있다. 성경은 인간의 시작점이 틀렸음을 이야기한다. 그러기에 내 노력으로, 내 힘으로 아무리 열심히 한다고 해서 달라지는 것이 없다. 바로 근본적인 부분에서 차이가 나기에 기독교와 자기계발서는 같이 이야기할 수 없는 것이다.

1과에서 3과까지의 마무리

이제 여기에서 1과부터 3과까지의 내용을 정리해보자. 지난 시간을 되돌아보면서 내 자신에 대해서, 인간이라는 존재에 대해서 철저하게 절망하고, 실망하는 것이 필요하다. 그래야 복음이 보이기 때문이다.

1과에서는

우리가 하나님에 대해서 알고 있는 지식이 부분적이며, 파편적이고, 심지어 왜곡되어 있다는 것을 나누었다. 바로 그것이 하나님에 대해 신뢰를 갖지 못하는 이유가 되는 것이다.

2과에서는

하나님을 신뢰하지 못하기에 우리는 나를 지켜주는, 내가 붙들고 살아갈 그 무엇인가를 하나씩 붙들고 살아간다. 하나님을 믿을 수 없기에 내가 믿을 수 있는 것, 나를 지켜주고, 보호해주고, 인정감을 주는 그 무엇인가를 하나씩 붙들며 살아가는 것이다.

3과에서는

바로 그러한 삶의 본질이 무엇이냐? 성경은 그것이 죄라는 것을 보여준다.

하나님께서 내려놓으라고 하심에도 내려놓을 수 없다고 말하는 것은 그것은 내 삶을 지켜주는 것이 무엇인지를 여실히 보여주는 것이다. 내가 무엇을 믿는지에 대한 정확한 모습을 보여준다.

그리고 그러한 것을 붙들고 살아가는 인간의 삶에 대한 결론은 무엇인가? 끝이다. 절망이다. 답이 없다. 기대할 것이 없다. 가능성이 없다. 성경적인 언어로는 죄인이며, 결론은 사망이라는 것이다. 내가 더 노력하고, 내가 더 애쓰면 문제가 해결된다고? 아니! 답이 없다고 성경은 결론을 내린다!

절망의 끝자락에서

그렇다면 여기에서 질문을 하게 된다.

"답이 없나요? 가능성이 없나요? 살 수 있는 방법이 없나요?"

"네! 방법이 없습니다! 당신이 아무리 노력한다고 해도, 애를 쓴다고 해도, 변화를 한다고 해도 가능성 없습니다! 소용없습니다! 당신에게 해답은 없습니다"

우리에게 남은 것은 절망이고, 죽음뿐이다. 그것이 현실이다.

그런데 누군가가 당신에게 이야기한다.

"아니요! 답이 있어요! 가능성이 있어요! 살 수 있어요"

그러면 이것이 무엇인가? 바로 이것이 GOOD NEWS가 된다.

이제 GOOD NEWS를 들어야한다.

바로 이것이 당신이 살 수 있는 꿈꿀 수 있는 유일한 길이기 때문이다.

chapter 4

나에게 주신 GOOD NEWS

지난 3과를 되돌아보며

네 번째 강의를 시작하기 전에 세 번째 강의를 되짚어보고, 되돌아보자.

죄란 무엇인가?

그리고 내가 구체적으로 붙들고 있는 '죄'는 무엇인가?

그 죄를 통해 내 삶에 드러나는 열매는 무엇인가?

그리고 결과는 무엇인가?

C.S 루이스는 인간의 절망에 대해서 이렇게 말한다.

> 그렇다면 인간이 빠져있는 '곤경'이란 어떤 것일까요? 스스로 독립적인 위치에 서려고 한 것, 스스로 자기의 주인인 양 행세하려 한 것입니다. 다시 말해서, 타락한 인간은 개선의 필요가 있는 불완전한 피조물이 아니라, 손에 든 무기를 내려놓아야 하는 반역자입니다. 무기를 내려놓고 항복하면서, 잘못했다고 말하는 것, 그동안 잘못된 길을 걸어 왔음을 깨닫고 삶을 처음부터 다시 시작할 준비를 하는 것, 이것이 이 '곤경'에서 빠져 나올 수 있는 유일한 길입니다.[23]

답이 없는 이 상황 속에서 해결책이 없는 이 상황 속에서 우리가 해야 할 일은 다시금 나에게 답이 없음을 인정하는 것이다. 내가 붙들고 있는 수단과 방법이 답이 아니라는 것을 인정하는 것이다. 거기에서부터 희망은 시작된다.

생명의 소식

그러기에 죽을 수밖에 없는 우리에게 희망의 소식이 들렸다. 나에게 그 어떠한 가능성도 없지만, 희망이 있다는 것이고, 가능성이 있다는 것이고, 살 수 있다는 것이다. 나에게는 가능성이 없고, 답이 없고, 죽는 것이지만 밖에서, 외부에서 들려오는 희망의 소식이 있다. 바로 그것이 우리에게 들려지는 복음Good News이다

레슬리 뉴비긴은 『죄와 구원』에서 복음을 이렇게 설명한다.

> 복음이란 하나님이 해답을 주셨다는 소식, 자비가 진노를 이기고 승리하셨다는 소식, 죄 많은 사람이 거룩한 하나님과 화해할 수 있는 길이 있다는 좋은 소식이다.[24]

다르게 표현하면, 복음은 뿌리채 뽑혀 죽어가는 인간들에게 하나님께서 우리 밖에서 우리를 위하여 오셔서 구원을 이루셨다는 기쁜 소식Good News이다.

그렇다면 여기서 한 가지 짚고 넘어가야 할 것이 있다. 구

원이라는 것은 '살려주셨다'는 것이다. 살려주셨다save고 한다면, 어디에서from 살려주셨는지에 대한 이야기가 나와야 한다. 바로 이것이 구원의 본질을 이야기하는 것이기 때문이다.

> 아들을 낳으리니 이름을 예수라 하라 이는 그가 자기 백성을 그들의 죄에서 구원할자이심이라 하더라(마 1:21).

우리가 '구원받았다'는 것은 어디로부터 받은 것인가? 죄로부터 구원받은 것이다. 또한, 죄의 결과로 인해 우리는 죽어가는 것이며, 죽은 것이다. 그러기에 죽음에서 구원해주신 것이다. 그리고 구체적으로는 내가 붙들고 있는 '죄'에서 구원해주신 것이다.

다시 말해, 죄로부터 우리를 구원해주신 것이다.

또한 죄의 결과인 죽음으로부터 우리를 구원해주신 것이다.

그리고 우리가 붙들고 있는 구체적인 바로 그 '죄'에 대해서 구원해주신 것이다.

예수님의 십자가 사역

그런데 또 한 가지 질문이 나온다. 전능하신 하나님이 그냥 우리의 죄를 용서해주시면 안되나? 너무나 당연하고 간단한 질문이다. 사람들이 용서에 대해 말하는 것을 보면, 하나님께서 죄를 죄가 아닌 듯 취급하고, 그냥 넘어가기를 바라는 것처럼 이야기한다. 하지만 그렇게 되면 만물의 모든 질서는 어긋나고 깨진다. 원칙도, 기준도 없는 세상이 되어버린다. 죄에 대한 대가를 치루지 않는다면, 정의가 없는 것이기 때문이다.

죽어야 하는 우리가 살 수 있는 것은 죄의 대가인 죽음을 누군가가 대신 치루었기 때문이다. 바로 예수 그리스도가 나를 대신하여 십자가에서 죽으신 것이다. 레슬리 뉴비긴은 구원에 있어서 십자가 사건의 중요성을 이렇게 말한다.

> 십자가는 그리스도가 행한 모든 사역에서 결코 분리될 수 없다. 그분의 성육신이 없었다면, 십자가도 없고, 따라서 구원도 있을 수 없다. 그분의 말씀과 사역이 없었다면, 우리로서는 우리를 위해 거기서 죽은 인물이 누구였는지를 알 길이 없을 것이다. 그분

의 부활이 없었다면 십자가는 우리에게 승리가 아닌 패배로 알려졌을 것이다. 아버지께로 돌아가는 그분의 승천과 성령의 선물이 없었다면, 다른 시대와 장소에 살고 있는 우리는 결코 그리스도 안에 동참할 수 없을 것이다. 이 모든 일은 그리스도께서 온 세상을 구원을 위해 행하신 완전한 사역의 구성요소들이다. 그러나 그 사역의 중심과 초점은 어디까지나 십자가이다.[25]

구원의 중심에는 바로 예수 그리스도의 십자가가 있다. 또한 예수님의 죽음에 관한 모든 내용은 부활에 비추어 볼 때에만 말할 수 있다. 또한 부활은 예수님의 삶과 사역이 옳다는 것을 하나님께서 증명해주신 것이다. 예수님께서 십자가에서 죽으셨던 죄목은 신성모독(마 26:57-68)이었다. 그 죄목으로 죽으셨던 예수님께서 다시 부활하셨다는 것은 그가 하신 말씀과 사역이 모두 진짜임을 하나님께서 인정해주신 것이다.

그러기에 십자가의 가장 큰 의미는 예수님께서 죽으심으로 3과에서 나눈 하나님과 인간과의 깨어진 관계가 회복된 것이다. 다시금 하나님께서 우리에게 복을 주시는 자, 창조주, 공급자, 명령(기준)하시는 분이 되어주신 것이다. 바로 그것을 통하여 내 자신과의 관계, 다른 사람과의 관계, 세상과의 관계가 회복된 것이다. 그러기에 구원이라는 것은 단순하게 죽어서 천국가는 것을 넘어서, 바로 이 땅 가운데에서 모든 관계의 회복을 의미하는 것이다.

복음의 내용

복음은 '예수 그리스도'라고 말한다. 더 풀어서 설명하면 복음은 '예수 그리스도의 삶과 사역'이라고 말할 수 있다. 복음서에 나오는 예수님의 모든 것이 우리에게 복음이 된다. 여기에서는 크게 네 가지를 가지고 이야기를 나누겠다.

첫째, 하나님께서 인간이 되어 이 땅에 오셨다

오늘 다윗의 동네에 너희를 위하여 구주가 나셨으니 곧 그리스도 주시라(눅 2:10).

말씀이 육신이 되어 우리 가운데 거하시매 우리가 그의 영광을 보니 아버지의 독생자의 영광이요 은혜와 진리가 충만하더라(요 1:14).

둘째, 내가 치러야 할 죽음의 대가를 예수님께서 대신 치르시고 죽으셨다

인자가 온 것은 섬김을 받으려 함이 아니라, 도리어 섬기려 하고, 자기 목숨을 많은 사람의 대속물로 주려 함이니라(마 20:28).

우리가 아직 죄인 되었을 때에 그리스도께서 우리를 위하여 죽으심으로 하나님께서 우리에 대한 자기의 사랑을 확증하셨느니라(롬 5:8).

셋째, 죽음에서 부활하시고, 하늘로 승천하셨다

여기 계시지 않고 살아나셨느니라(눅 24:6).

장사 지낸 바 되셨다가, 성경대로 사흘 만에 다시 살아나사, 게바에게 보이시고, 후에 열두 제자에게와 그 후에 오백여 형제에게 일시에 보이셨나니 그 중에 지금까지 대다수는 살아있고, 어떤 사람은 잠들었으며(고전 15:4-6).

예수께서 그들을 데리고 베다니 앞까지 나가사 손을 들어 그들에게 축복하시더니, 축복하실 때에 그들을 떠나 하늘로 올려지시니(눅 24:50-51).

넷째, 예수님께서 다시 이 땅을 심판하러 오신다

> 이르되 갈릴리 사람들아, 어찌하여 서서 하늘을 쳐다보느냐 너희 가운데서 하늘로 올려지신 이 예수는 하늘로 가심을 본 그대로 오시리라 하였느니라(행 1:11).
>
> 우리가 예수께서 죽으셨다가 다시 살아나심을 믿을진대, 이와 같이 예수 안에서 자는 자들도 하나님이 그와 함께 데리고 오시리라(살전 4:14).

복음과 만나며

이것은 우리가 너무나 익숙하고 잘 알고 있는 복음의 내용이다. 바로 이것이 내 삶을 살리는, 회복시키는, 구원의 내용이다. 그러면 하나씩 다시 한 번 살펴보자. 단순하게 사실을 이야기하는 것이 아니라, 이것이 나에게 어떤 의미가 있는지 나눠보자. 그럴 때 복음의 사건이 바로 나의 사건이 된다.

하나씩 묵상해보고, 빈 칸을 채워보자.

첫째, 하나님께서 인간이 되어 이 땅에 오셨다

이것이 도대체 나에게 무슨 의미가 있는가?

✎_

둘째, 내가 치러야 할 죽음의 대가를 예수님께서 대신 치루시고 죽으셨다

이것이 도대체 나에게 무슨 의미가 있는가?

✎_

셋째, 죽음에서 부활하시고 승천하셨다

이것이 도대체 나에게 무슨 의미가 있는가?

✎_

넷째, 예수님께서 다시 이 땅을 심판하러 오신다

이것이 도대체 나에게 무슨 의미가 있는가?

성경공부를 진행하면서 더욱 놀라웠던 것은 복음의 내용이 나에게 어떤 의미인지 생각해보지 않았다는 분들이 많았다는 것이다. 3과까지 하면 힘들고 어렵지만, 4과 가운데 감격과 기쁨을 누리는데 때로는 4과에서 너 어려워지기도 한다. 왜냐하면 복음의 내용을 하나도 모르고 있는 자신을 보게 되기 때문이다.

매 주 목사님들의 설교는 바로 이 복음을 전하신다. 앞에서 말한 네 가지를 풀어서 설명하시는 것이다. 그런데 이 복음의 내용이 나에게 어떤 의미인지를 모르겠다고 한다. 그만큼 우리가 복음과 관계없이 살아왔음을 보여주는 단면이기도 하다.

다시 복음의 내용으로 되돌아가라. 그리고 거기서부터 다시금 묵상하고, 고백하고 선포하라! 단순한 사실이 아니라, 나의 고백이 되어야 한다.

복음은 나의 사건

중요한 것은 복음의 내용이 하나의 단순한 사실이 아니라, 내 사건이 되어야 한다. 복음의 사건 하나하나가 나에게 무슨 의미가 있는지 고백해야 하고, 내 삶의 순간마다 이 복음의 고백을 선포해야 한다. 그럴 때 비로소 복음이 내 삶에서 살아 움직이기 시작하고, 복음의 삶을 살아가게 된다. 내 삶의 현장에서 치열하게 복음을 고백하며, 붙들고 살아갈 때 비로소 그 복음이 나의 복음이 된다.

'예수 그리스도'가 '복음'이라는 것은 예수님의 삶과 사역, 하나하나가 내 삶에 영향을 미치는, 나를 살리는, 나를 회복시키는 소식이며 사건이라는 의미이다. 예수님의 이야기로 가득한 것은 4복음서이다. 4복음서에서 예수님이 무슨 일을 하셨는지보다 더 중요한 것은 그 사건이 바로 나를 향한 사건이며, 나에게 영향을 미치는 GOOD NEWS라는 것이다. 예수님의 말씀과 행동 하나하나가 나를 살리고, 회복시키고, 다시금 꿈을 꾸게 하는 복음의 사건이다. 그 관점으로 다시금 복음서를 읽어보라. 복음서가 다르게 보일 것이다. 예수님이 내 삶에 살아 움직일 것이다.

당신에게 선포되어야 할 복음

이제 당신에게 선포되어야 할 복음은 무엇인가?

1과부터 3과까지 나누면서 내 인생의 본질이 죄임을 나눴다. 그것은 하나님을 신뢰하지 못하기에 드러나고 나타난 모습이다.

그렇다면 지금 내 상황에서 내가 선포하고 고백해야 할 복음의 내용은 무엇인가?

지금 고백하고 선포하라!

믿음이란?

우리는 여기에서 본질에 대한 질문을 한 가지 더 해야 한다. 믿음이란 무엇인가?

기독교에서 가장 중요하게 여기는 것이 바로 믿음이다. 믿음이 무엇인지 우리는 알고 고백해야 한다. 믿음은 바로 그 복음을 받아들이는 것을 말한다.

다시 말하면, 믿음은 내가 믿고 싶은 것을 믿는 것이 아니다. 믿음은 내 뜻대로 될 것이라고 믿는 것이 아니다. 내 생각대로 될 것이라고 믿는 것도 아니다.

우리는 믿음을 잘못 사용하고 있다. 내 아들이 대학을 갈 것이라고 믿습니다! 나의 병이 날 것이라고 믿습니다! 좋은 회사에 취직할 것이라고 믿습니다! 그것은 믿음이 아니라, 자기암시이며, 자기최면에 불과하다. 믿음을 빙자하여 하나님을 조종하려고 하는 것이다.

지금까지 우리는 결론만을 가지고 하나님의 뜻을 구별했다. 잘되면 축복이며, 잘되지 않으면 문제가 있는 것이라고 생각한다. 그러기에 교회 공동체에서도 좋은 이야기는 나누지만 나쁜 이야기는 나누지 않는다. 혼자 아파하며, 힘들어하고 고민하고, 그것이 해결되면 다시금 교회공동체로 나온다. 어찌 이것이 공동체가 될 수 있으며, 어찌 이것이 복음이 될 수 있을까?

한국교회가 한국사회 가운데 인정을 받지 못하고 있다. 그 이유는 고난에 대한 영적인 설명을 해주지 못하기 때문이다. 2014년 4월에 일어난 세월호 사건은 한국사회에 커다란 영향을 미쳤다. 그러나 한국교회는 이것에 대해 아무 말도 하지 못했다. 왜냐하면 설명할 패러다임을 갖고 있지 못하기 때문이었다. 고난을 설명해줄 수 있는 모습이 교회에 없었고, 크리스천들에게도 없었다. 그러기에 한국사회가 가장 힘들 때, 한국교회는 외면을 당하게 되었다.

다시금 기억해야 한다. 믿음은 내 뜻대로 된다고 믿는 것이 아니다. 내 생각과 내 계획과 내 방향대로 될 것이라고 믿는 것이 아니다. 믿음은 바로 그 복음의 내용, 예수 그리스도의 삶과 사역을 그대로 받아들이는 것을 의미한다. 그럴 때 내 삶에 일어난 많은 사건들 속에서 복음의 풍성한 은혜를 누리게 된다.

우리의 선택

예전에 청년사역을 할 때 생긴 일이다. 한 번은 청년들에게 식사를 사주겠다고 해서 식당에 갔다. 목사가 밥을 사준다고 하면, 알아서 겸손(?)한 것을 시켜 먹는 센스가 필요하다. 그런데 믿음은 좋고, 눈치는 없는 보석같은(?) 청년들은 내가 사준다는 그 말만 믿고, 비싼 것을 시키기 시작했다. 6명이 갔지만, 계산서는 10명이 먹는 양의 액수가 나왔다. 당황스러웠지만 티내지 못하고, 맛있게 음식을 먹었다. 식사 도중에 갑자기 누군가 불러서 돌아보니, 교회 집사님이셨다. 이런 저런 이야기를 나눈 후에, 집사님은 가시고 나는 다시 돌아와 식사를 마무리했다. 카운터에 가서 계산을 하려고 하는데 지배인이 하는 말이 "밥값은 아까 그분이 계산을 하셨다"라는 것이다. 집사님께서 가시며 카운터에서 계산을 하시고 가신 것이다.

이 상황에서 나는 어떻게 해야하는가? 믿을 수 없다고, 내가 계산해야겠다고 하는가? 나를 무시하냐고, 나도 계산할 수 있다고 난리를 쳐야하는가?

아니다. 감사합니다! 그리고 집에 가면 된다. 왜냐하면 계산은 끝났기 때문이다.

내가 더 이상 그 음식점에 치러야 할 값은 없다. 그분이 치루셨기 때문이다.

> 모든 사람이 죄를 범하였으매 하나님의 영광에 이르지 못하더니, 그리스도 예수 안에 있는 속량으로 말미암아 하나님의 은혜로 값 없이 의롭다 하심을 얻은자 되었느니라(롬 3:23-34).

성경은 이야기한다. 우리의 죄값은 예수님의 죽으심으로 계산이 끝났다! 그러면 어떻게 해야하는가? 당연히 감사하면서 가면 된다. 카운터에 더 이상 있을 필요가 없다. 기쁨과 감사함으로 가면 된다.

그런데 우리는 계산이 다 끝났다고 함에도 카운디에서 지갑을 만진다. 무슨 대가를 더 치러야 할 것 같고, 돈을 더 내야 할 것 같고, 안되면 설거지나 청소라도 하면서 그 대가를 치러야 할 것 같다고 말한다.

잊지마라. 예수님을 믿으면서 우리의 삶은 '누림'으로 바뀐다. 계산하려고 난리치면서 사는 것이 아니라, 대가를 치루려고 노력하는 것이 아니라, 계산이 끝났음을 알기에 감사하면서, 노래 부르면서 살면 된다. 바로 그것이 예수님을 믿으면서 살아가는 삶이다.

여러분은 어떻게 살아가고 있는가?

여전히 카운터에 서서 머뭇거리고 있는 것은 아닌가?

계산이 끝났음에도 혼자 지갑을 만지작 거리고 있는 것은 아닌가?

계산을 치루기 위해서, 계속 무엇인가를 해야 한다고 생각하는 것은 아닌가?

장경철 교수는 믿음에 대해서 이렇게 말한다.

> 왜 믿음이 필요한걸까? 그것은 믿음이 하나님의 축복을 흘러들어오게 하는 통로가 되기 때문이다. 내가 "아멘"하면서 믿음을 실행하면, 하나님의 축복이 내 속으로 들어온다. 예를 들어, 빈 병이 물속에 깊이 잠겨 있고, 사방이 물로 가득 찼다고 하자. 이 상태라면 병 속에 물이 자동적으로 가득 차게 될까? 아니다. 병

뚜껑이 열려 있느냐에 달려 있다. 병이 물속에 잠겨 있어도 병뚜껑이 열려 있지 않으면 한 방울의 물도 들어가지 않는다. 사방이 하나님의 축복으로 가득 차 있어도 우리가 "아멘"하는 믿음을 행사하지 않으면 축복은 우리 속으로 들어오지 않는다. 여기서 우리는 믿음의 중요한 기능을 발견하게 된다. 믿음은 생산적인 역할을 한다. 믿음 자체가 하나님의 축복을 만들어내지는 않는다. 믿음이 없으면 코앞까지 들어올 축복조차 우리의 소유가 되지 않는다.[26]

그래서 이 상황에서는 둘 중의 하나만이 존재한다. 집에 가느냐? 계산대에 서 있느냐? 다시 말하면, 복음을 받아들이느냐, 받아들이지 않느냐. 바로 기로에 서게 된다. 내가 받아들이지 않는다고 해서 계산이 끝났다는 사실은 변하지 않는다. 다만 내가 누리지 못할 뿐이다. 받아들일 때 누리게 된다.

복음 앞에서 반응

우리는 복음을 배웠고, 그 내용도 알았고, 고백했다. 이제 복음 앞에서 우리가가 반응해야 할 차례이다. 반응의 고백을 할 때 비로소 복음을 누리며 살아가게 된다.

첫째는, 스스로 내 인생의 주인노릇 했음을 인정해야 한다

지금까지 내 인생의 주인은 나였고, 내가 하나님의 자리에서 살아왔다. 내 뜻대로, 내 생각대로, 내 계획대로 살아왔다. 그러기에 절망했고, 낙심했고, 불안해했고, 사망을 향하여 달려가는 것이었다. 이렇게 살면 안된다. 죽는다! 내가 잘못했다. 바로 이 반응이 있어야 한다.

둘째, 예수님께서 나의 죄를 대신하여 십자가에서 죽으셨음을 받아들어야 한다

죄의 대가는 사망이다. 사회에서도 죄의 대가를 치르듯이 하나님을 향해서도 우리는 대가를 치러야 한다. 죽음의 대가는 생명이다. 우리가 죽어야 하고, 우리가 대가를 치러야 하는데, 그 대가를 예수님께서 대신 치르신 것이다. 예수님께서 나를 대신해서 죽으셨습니다! 바로 이 반응이 있어야 한다.

셋째, 이제 내 인생의 주인으로, 중심으로 예수님을 모셔 들이는 것이다

예수님께서 죽으심으로 이제 하나님과 우리의 관계는 회복되었다. 그러기에 우리는 그 예수님을 붙들고 살아갈 때, 관계는 지속이 된다. 이제는 내가 주인이었고, 내가 중심이었지만, 이제는 예수님을 내 인생의 주인으로, 중심으로 모셔들이며 살아가겠다는 반응이 있어야 한다.

4과를 마무리하면서

3과까지 공부하면서 우리 안에 답이 없음을, 우리 안에 기대할 것이 없음을, 우리 안에 희망이 없음을 배웠다. 그러기에 우리에게 죽음 밖에 없음을 알았다.

그 때 비로소 우리에게 복음이 들린다. 살 수 있다고 말한다. 희망이 있나고 말한다. 그것은 내 안에서 나오는 것이 아니라 내 자신 밖에서 들리는 소식이다. 바로 예수님께서 나를 대신하여 죽으셨다는 것이다. 그리고 우리는 그것을 믿음으로 받아들일 때, 하나님과의 관계가 회복된다고 말한다!

그러기에 우리가 예수님을 믿고 붙드는 이유가 거기에 있다. 내 노력으로 하나님과의 관계가 회복되는 것이 아니다. 내 선행으로, 내 능력으로, 내 열심으로 회복되는 것이 아니다. 바로 예수님을 붙들 때, 나를 위해 죽으셨음을 믿을 때, 하나님과의 그 관계가 회복되는 것이다. 그러기에 매순간 내 삶에 복음을 선포하고 고백해야 하는 이유가 거기에 있다.

Home Work

4과를 마무리하면서 숙제 – 영접기도

한 주간 1-4과까지의 내용을 다시 한 번 되짚어보라. 그리고 그 가운데 내 모습을 살펴보면서, 복음 앞에 서라. 한 주간 묵상하고 기도하면서 영접기도문을 작성해보라. 영접기도는 예수님을 나의 주인으로, 중심으로 받아들이겠다는 고백과 결단이다. 예전에 영접기도를 해 보신 분들도 있겠지만, 다시 한 번 기도문을 작성하면서, 하나님 앞에서 재헌신을 결단하는 시간이 되면 좋겠다.

대부분 목회자들이 기도하면 따라서 고백하지만 여기에서는 자신 스스로가 영접기도를 작성해보자. 작성방법은 BAD와 GOOD NEWS의 구조로 만들면 된다. 지난 시간에 내가 붙들고 살아온 모습BAD, 다시 말하면 죄된 모습! 그리고 다시금 예수님을 주인으로GOOD NEWS, 중심에 모시며 살아가겠다는 결단으로 작성하면 된다. 아래에 영접기도문을 작성해보자.

chapter 5

GOOD NEWS를 누리는 삶

4과 숙제를 나누면서

지난 주간에 숙제였던 영접기도문을 돌아가면서 고백하며 기도해보자.

기도가 마치면, 다같이 서로에게 박수를 쳐주며, 축복해주자!

복음을 누리는 삶

축하한다! 영접기도를 처음 해 본 사람도 있고, 다시금 재헌신을 결단하며 영접기도를 한 사람들도 있을 것이다. 중요한 것은 다시금 내 삶에 주인이, 중심이 예수님이심을 고백하는 것이다. 매순간 우리에게 고백되어야 할 부분이다.

오늘은 복음을 받아들이면서 우리가 누리는 특권과 혜택이 무엇인지를 나눌 것이다. 혜택을 알아야 제대로 사용할 수 있기 때문이다. 중요한 혜택 몇 가지만 나눠보자.

첫째. 하나님의 자녀

> 영접하는 자 곧 그 이름을 믿는 자들에게는 하나님의 자녀가 되는 권세를 주셨으니 이는 혈통으로나 육정으로나 사람의 뜻으로 나지 아니하고 오직 하나님께로부터 난 자들이니라(요 1:12).

불순종의 아들이고, 진노의 자녀였고, 외인이었는데, 이제는 하나님의 자녀가 되었다는 것이다. 하나님과 내가 끊을 수 없는 관계가 된 것이다. 그러기에 아버지의 모든 것을 누릴 수 있는 자격이 우리에게 주어진 것이다. 복음을 받아들이면서 하나님께서 창조하실 때 디자인하셨던 하나님과 인간과의 관계가 다시금 회복된 것이다. 이 얼마나 놀랍고 감사하고, 행복한 일인가?

둘째, '그리스도 안에' 정죄함이 없다

> 그러므로 이제 그리스도 예수 안에 있는 자에게는 결코 정죄함이 없나니 이는 그리스도 예수 안에 있는 생명의 성령의 법이 죄와 사망의 법에서 너를 해방하였음이라(롬 8:1-2).

사도 바울은 복음을 받아들이고 나면, 우리가 그리스도 '안'에 있음을 이야기한다. 하나님을 직접 대면하면 우리는 우리의 죄악으로 인해 죽는다. 그러기에 구약시대 사람들은 하나님을 뵙게 되면 죽는다는 생각을 가졌다. 그리고 하나님을 뵙게 되면 두려움으로 떨었다. 그러나 지금 우리가 하나님 앞에 나아갈 때 두려움에 떨지 않는 것은 나의 의도, 나의 자랑도, 나의 선함도 아니라, 바로 그리스도 예수 안에 있기 때문이다.

잊지마라. 내 모습으로 하나님께 나아가면 죽는다! 내 모습으로 살아가면 우리에게 희망이 없다. 우리 존재가 하나님 앞에서 의미 있는 것은 나를 위해 죽으신 예수 그리스도의 십자가 때문이다. 그분으로 인해 우리가 유효한 것이다. 그분을 붙들 때 비로소 생명이 있다. 예수 그리스도 '안'에 있기에 우리에게 '정죄함'이 없는 것이다. 바로 그분 안에서 누리는 놀라운 축복이며, 특권이다.

우리는 예수님을 믿으면서도 여전히 하나님은 저기 계시고, 나는 여기에 있다고 생각한다. 그래서 내 삶이 잘못되고, 죄를 짓게 되면 하나님과 멀리 떨어져 있다고 생각하게 되고, 좀 더 노력하고, 거룩해져서 그분께로 더 가까이 가야된다고 생각한다. 아니다! 우리는 이미 그분 안에 있다. 바로 이것을 누려야 한다.

이 고백을 하게 되면 우리 삶을 바라보는 관점이 달라진다. 우리는 지금까지 예수님을 믿으면서도 성공하면 '축복', 실패하면 '저주', '벌'이라는 두 가지 패러다임으로 살아왔다. 그래서 잘되면 하나님의 은혜이고, 실패하면 죄 때문이라고 말하며 자기 자신과 다른 사람을 정죄하곤 했다. 그러나 성경은 말한다. 성공이나, 실패나 모두 그리스도 예수 안에 있다고 말한다! 이 고백과 믿음이 있을 때, 우리는 진정한 복음의 누림의 삶을 살아간다.

사도 바울은 로마서 8:28에 이렇게 말한다.

"우리가 알거니와 하나님을 사랑하는 자 곧 그의 뜻대로 부르심을 입은 자들에게는 모든 것이 합력하여 선을 이루느니라"

바로 우리가 해야 할 고백이 이것이다. 우리의 성공도, 실패도, 그리스도 안에 있다. 그래서 하나님께서 모든 것을 성공도, 실패도, 눈물도, 낙심도, 우리의 잘못까지도, 모든 것을 합력하여 선을 이뤄가신다는 고백과 선포이다. 이처럼 놀랍고 감격스러운 고백과 선포가 어디있는가?

셋째, 자유함

진리를 알찌니 진리가 너희를 자유롭게 하리라(요 8:32).

주는 영이시니 주의 영이 계신 곳에는 자유가 있느니라(고후 3:17).

복음을 받아들이고 나면, 우리에게 자유함이 주어진다. 왜냐하면 내가 붙드는 것이 바뀌었기 때문이다. 내가 주인삼고 있는 것이 달라졌기 때문이다. 그 무엇에도 매이지 않게 된다. 자유하게 된다. 끌려가지 않게 된다.

예를 들면, 하나님을 모르는 사람들은 이사를 다닐 때도 손 있는 날, 없는 날을 구분한다. 손損있는 날이란 손실, 손해를 본다는 날로서 예부터 악귀와 악신이 움직이는 날을 말한다. 그래서 악귀와 악신이 움직이지 않는 날을 손 없는 날이라고 해서 각종 택일의 기준으로 삼고 있습니다.

음력 1일, 11일, 21일, 31일은 동東쪽에 귀신이 지키고 있다고 생각한다. 음력 2일, 12일, 22일은 동남東南쪽에 귀신이 지키고 있다고 생각한다. 음력 3일, 13일, 23일은 남南쪽에 귀신이 지키고 있다고 생각한다. 음력 4일, 14일, 24일은 남서南西쪽에 귀신이 지키고 있다고 생각한다. 음력 5일, 15일, 25일은 서西쪽에 귀신이 지키고 있다고 생각한다. 음력 6일, 16일, 26일은 서북西北쪽에 귀신이 지키고 있다고 생각한다. 음력 7일, 17일, 27일은 북北쪽에 귀신이 지키고 있다고 생각한다.음력 8일, 18일, 28일은 북동北東쪽에 귀신이 지키고 있다고 생각한다.그래서 음력 9일, 10일, 19일, 20일, 29일, 30일은 조물주가 쉬듯이 귀신도 쉬는 날이라고 생각하고, 대부분의 사람들은 보통 이 날에 이사를 한다.

그러면 예수님을 믿는 우리는 언제 이사하는가? 원하는 날에 이사한다. 오히려 손 있는 날 이사를 한다. 왜? 싸니까! 그 무엇에도 매이지 않는 자유함과 당당함이 주어진다. 본질을 붙들면, 다른 것에는 자유하게 된다. 이처럼 멋진 것이 어디 있는가?

넷째, 끊을 수 없는 사랑

> 내가 확신하노니 사망이나 생명이나 천사들이나 권세자들이나 현재 일이나, 장래 일이나 능력이나, 높음이나, 깊음이나 다른 어떤 피조물이라도, 우리를 우리 주 그리스도 예수 안에 있는 하나님의 사랑에서 끊을 수 없으리라(롬 8:38-39).

이처럼 놀라운 선포가 어디 있는가? 심지어 '죽음까지도 우리를 향한 하나님의 사랑에서 끊을 수 없다'고 말한다. 죽음은 끝이며, 절망이며, 답이 없다고 말하지만, 그것조차도 하나님의 사랑에서 끊을 수 없다고 말한다. 바로 이것이 우리가 누리는 평안함과 안전함의 감격과 기쁨이다.

몇 년 전에 중환자실에 입원하신 어떤 집사님을 심방했다. 병원에서도 가망이 없고, 이제 가족들도 마음의 준비를 해야

한다고 했다. 그 집사님을 뵈었는데, 나에게 가느다란 목소리로 하시는 말씀이 "목사님 저 천국에 갈 수 있나요?" 여러 가지 어려움으로 신앙생활을 제대로 하지 못하셨고, 최근까지도 교회를 나오지 못하셨기 때문에 죽음 앞에서 두려우셨던 것이다. 그래서 로마서 8:38-39의 말씀을 읽으면서 설명을 드렸다.

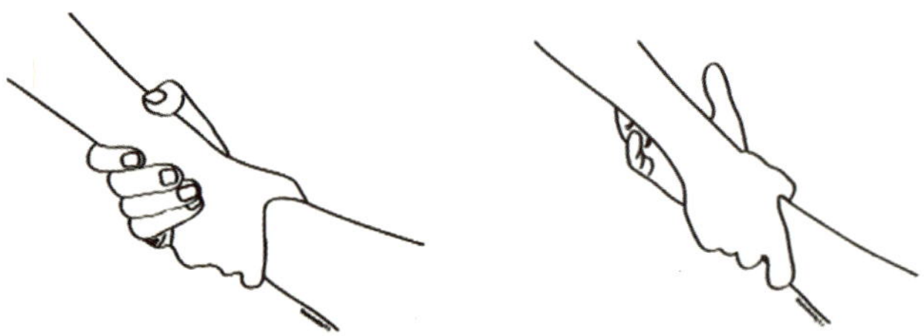

"집사님! 여기 하나님의 손이 있고, 여기 집사님의 손이 있습니다. 집사님이 예수님을 믿으실 때, 하나님께서 집사님의 손을 붙드시고, 집사님도 하나님의 손을 붙드십니다. 집사님이 너무 힘드셔서 하나님의 손을 놓셨어요! 집사님 떨어졌나요? 붙어 있나요?"

"붙어 있어요!"

"네! 집사님이 힘드셔서 놓으실 수 있지만, 하나님께서 붙들고 계시는 거에요! 평안히 하나님 만나세요!"

그 무엇도 우리를 향한 하나님의 사랑에서 끊을 수 없다. 바로 끊을 수 없는 그 사랑이 나에게 있다. 이 얼마나 행복하고 감사한 일인가!

다섯째, 복

심령이 가난한 자는 복이 있나니 천국이 저희 것임이요(마 5:3).

복음서는 복음에 대한 이해가 없다면, 이해할 수가 없는 책이다. 복음을 빼놓는다면, 단순한 윤리와 또 하나의 율법이 될 뿐이다. 복음에 대한 분명한 이해가 있을 때, 복음서의 내용이 살아 움직이기 시작한다. 팔복 또한 마찬가지이다. '심령이 가난한 자가 복이 있나니' 먼저 이 말이 이해되는가? 누가복음에서는 '가난한 자'라고 말한다. 가난한 것이 복인가? 복이라고 생각하는가? 그러면 당신은 가난해지기를 원하는가? 이 부분에 대한 답을 할 때 비로소, 팔복과 복음서가 새롭게 읽혀지기 시작한다.

앞에서 다룬 것처럼 우리는 그리스도 '안'에 있다. 그렇다면 우리가 힘이 커지면 커질수록 무엇이 작아지는가? 그렇다! 예수님의 공간이 작아진다. 우리의 힘이 작아지면 작아질수록 무엇이 커지는가? 그렇다! 예수님의 공간이 커진다! 바로 이것이다. 우리가 약해지고, 가난해지면 질수록, 하나님의 일하심과 역사하심과 하나님의 공간이 커지는 것이다. 그러기에 사도 바울은 이렇게 고백한다.

> 나에게 이르시기를 내 은혜가 네게 족하도다. 이는 내 능력이 약한 데서 온전하여짐이라 하신지라. 그러므로 도리어 크게 기뻐함으로 나의 여러 약한 것들에 대하여 자랑하리니, 이는 그리스도의 능력이 내게 머물게 하려 함이라. 그러므로 내가 그리스도를 위하여 약한 것들과 능욕과 궁핍과 박해와 곤고를 기뻐하노니

이는 내가 약한 그때에 강함이라(고후 12:9-10).

잊지마라. 내 뜻대로 되지 않는다고 분노하고 낙심하지마라. 하나님을 믿는 이들에게 내 뜻대로 되지 않는다는 것은 축복이다. 내 뜻대로 되는 것은 사망이며 죽음이다. 왜냐하면 내가 하나님의 자리에 서 있는 것이기 때문이다. 그러기에 내 뜻대로 되지 않을 때, 분노하지 마라. 염려하지 마라. 하나님의 선하신 뜻이 이뤄지는 것이기 때문이다. 이것처럼 놀라운 복이 어디있는가?

여섯 번째, 비전과 사명

예수께서 이르시되 나를 따라오라. 내가 너희로 사람 낚는 어부가 되게 하리라 하시니 곧 그물을 버려 두고 따르니라(막 1:16-17).

복음을 받아들이면, 비전과 사명이 주어진다. 여기에서 복음의 구조를 다시 한 번 살펴보자. GOOD NEWS는 BAD를 전제로 한다. 좋은 소식은 나쁜 것이 있을 때 의미가 있다. 그렇다면 BAD의 전제조건은 무엇인가? 바로 GOOD이다. 나쁜

다는 것은 좋은 것이 있었다는 의미이기 때문이다. 도식으로 표현해보자.

GOOD 창세기 1-2장 에덴동산 창조	⇨	BAD 창세기 3장 타락	⇨	GOOD NEWS 4복음서 구속	⇨	GOOD 계시록 21-22장 새하늘과 새 땅

성경의 내용을 무엇이라고 할 수 있을까? 창세기 1-2장의 에덴동산과 요한계시록 21-22장의 새하늘과 새 땅의 이중구조로 이해할 수 있다. 죄로 인해 깨어진 하나님 나라가 회복되는 과정이 바로 성경이다. 그러기에 창세기 1-2장을 묵상하면 할수록, 지금 이 땅 가운데 깨어진 것이 무엇인지 드러난다. 어디가 잘못되었는지 깨닫게 된다. 바로 그것이 우리가 회복해 나가야 할 영역이다.

많은 리더들이 이 땅을 변화시키기 위해서 시도했다. 그러나 실패했다. 이유는 방향성이 없었기 때문이다. 온전한 모습이 무엇인지 몰랐기에 자신이 생각하는 모습으로만 변화를 만들어갔기 때문이다. 내 생각대로 갈 때, 우리는 사망의 길로

가게 된다. 크리스천 리더라면 분명한 방향성이 있어야 한다.

비전과 사명에 대해서 고민하고 있다면 창세기 1-2장을 묵상하라. 요한계시록 21-22장을 묵상하라. 하나님께서 온전하게 지으신 그 모습 속에서 지금 이 땅의 어느 부분이 깨어지고, 무너졌는지를 살펴보라. 바로 나의 눈에 보이는 것! 마음이 아픈 것, 하나님의 눈물이 부어지는 곳, 바로 그것이 나에게 주어진 부르심이며 사명이다.

많은 크리스천들이 자신의 비전과 꿈이 무엇이냐고 물으면, 대부분은 '무엇을 하는 것'이라고 말한다. 자신의 계획과 성취를 말한다. 그러한 계획과 성취는 하나님을 믿지 않는 이들도 이야기한다. 하나님을 몰라도 할 수 있는 말이다. 잊지마라! 크리스천의 비전은 성취가 아니라, 회복이다. 바로 창세기 1-2장에 나오는 하나님 나라의 모습으로 회복시키는 것이다. 창세기 1-2장은 완벽한 성취의 모습이다. 그러기에 우리가 완벽하게 성취해야 할 것은 없다. 그것이 온전함이다. 죄로 인해 깨어진 우리의 삶의 현실 속에서 어느 곳이 무너지고, 깨어졌는지 볼 수 있고, 보이게 된다. 바로 그것이 나의 비전이며, 사명이 된다.

한 회사의 CEO셨던 어떤 집사님께서 복음 성경공부를 하셨다. 3과에서 하나님께서 디자인하신 관계를 공부하면서 모든 사람을 평등하게 지으셨다는 것을 배웠다. 그 후에 마음에 계속 불편함이 남아있었다. 그리고는 회사 경비를 하신 분에게 가셔서 정중히 사과를 하셨다고 한다. 하나님께서 평등하게 지으셨고, 존귀하고, 소중한 분인데 자신이 함부로 대했다고 하시는 것이다. 이 얼마나 멋진 말인가? 바로 복음 가운데 회복이 시작된 것이다.

일곱 번째, 성령님

무릇 하나님의 영으로 인도함을 받는 사람은 곧 하나님의 아들이라. 너희는 다시 무서워하는 종의 영을 받지 아니하고, 양자의 영을 받았으므로, 우리가 아빠 아버지라고 부르짖느니라. 성령이 친히 우리의 영과 더불어 우리가 하나님의 자녀인 것을 증언하시나니(롬 8:14-16).

"당신은 당신 안에 성령님이 계시다고 생각하는가? 계시다는 증거는 무엇인가?" 대부분 이렇게 물어보면 머뭇거린다.

왜냐하면 성령님이 들락날락 하시는 것 같기 때문이다. 계신 것 같기도 하고, 바쁘신 것 같기도 하기 때문이다. 그런데 로마서는 말한다. "양자의 영을 받았으므로, 우리가 아빠 아버지라고 부르짖느니라". 바로 성령이 우리 안에 계시기에 우리가 하나님을 향하여 "아빠, 아버지"라고 말한다는 것이다. 길거리 지나가는 사람에게 하나님을 향해 "아빠, 아버지"라고 말해보라고 하라. 말하지 못한다. 왜냐하면 아무 관계가 없기 때문이다. 하나님을 아빠, 아버지라고 말하는 것은 성령님을 통하여 하나님과 우리가 자녀관계가 되었다는 증거이기 때문이다.

복음을 고백한 이후, 앞으로의 삶은 '성령님'과 함께하는 삶이다. 성령님과 함께 그리스도의 장성한 분량이 충만한데까지 성장하며 자라가는 것(엡 4:13)이다. 내 힘으로, 내 능력으로, 내 고집으로 되는 것이 아니라, 바로 그분과 함께 동행할 때, 우리에게 주어지는 축복이다.

그러면, 성령님과 동행하며 살아갈 때, 우리의 삶에서 나타나는 구체적인 모습은 무엇인가? 바로 갈라디아서에 나오는 성령의 열매이다.

오직 성령의 열매는 사랑과 희락과 화평과 오래 참음과 자비와 양선과 충성과 온유와 절제니 이 같은 것을 금지할 법이 없느니라(갈 5:22-23).

열매는 맺으려고 해서 맺어지는 것이 아니다. 사랑해야지, 사랑해야지 몇 번 다짐할 수 있다. 하지만 금방 폭발하는 것이 우리의 모습이다. 열매는 맺는 것이 아니라, 맺혀지는 것이다. 나무가 땅에 뿌리에 붙어 있으면 열매는 맺혀진다. 성령의 열매는 내 힘으로 맺는 것이 아니라, 복음을 붙들고 살아갈 때 우리에게 맺혀지는 결과이다. 그러기에 앞으로 성령님을 더 알아가려고 하라. 그분을 알아가고, 그분과 동행할 때 우리 삶에 성령의 열매가 맺혀질 것이다.

앞으로의 방향

그렇다면, 이제 앞으로 어떻게 해야하는가? 복음을 받아들이고, 예수님으로 모셨다. 어디로 가야하며, 무엇을 해야하며, 어떻게 해야하는가?

첫째, 복음이 시작이고, 과정이고, 결론이다

무슨 말인가? 복음이 전부라는 말이다. 앞으로 예수님을 믿으면서 우리가 해야 할 것은 끊임없이 복음으로 돌아오고, 복음 앞에 서는 것이다. 다른 것들을 붙들고 살 때, 우리는 결국 자기 의에 빠져서, 자기 연민에 빠져서 살아가게 된다.

신앙이 침체될 때가 있다. 그러면 사람들은 죄가 있기 때문이라고 말한다. 그래서 예배를 더 드리라고 말하고, 기도를 더 해야 된다고 말하고, 금식기도를 하라고 말한다. 그래서 더 예배하고, 더 기도하고, 더 봉사한다. 그 말이 틀린 것은 아니다. 그러나 그것만을 붙들게 되면 결국 '자기 의'로 무장된 한 사람으로 다시 돌아온다. 돌아와서는 다른 사람들에게 손가락질 하고, "당신은 왜 그렇게 하지 않냐!"고, 비난하고 정죄한다. 바로 그것이 공동체가 시끄러워지는 이유가 바로 거기에 있다.

예배, 기도, 봉사, 헌신은 그 자체로 의미 있는 것은 아니다. 그것은 하나님을 향하게 하는 수단이며, 통로이다. 그것을 통해 하나님을 보게 되며, 복음 앞에 다시 서게 하는 것이다. 그러나 사람들이 그 자체만을 붙들게 될 때, 내가 무엇인가를 했다는 '자기 의'를 갖게 된다. 예를 들면, '40일 금식했다'는 것이 너무나 귀한 것이지만, 그것이 본질은 아니다. 본질을 놓치면 하나님은 사라지고, '40일 금식했다'는 것이 무슨 공로나, 상처럼 자기 의만 남게 된다.

우리에게 가장 중요한 것은 매순간 복음 앞에 서는 것이다. 복음 앞에 서면, 내 모습이 철저하게 드러난다. 내가 NOTHING이고, 내가 BAD이고, 나에게 답이 없다는 것이 철저하게 드러난다. 그런데 나를 살리시고, 은혜주시고, 구원해주시는 하나님의 은혜를 다시금 기억하게 된다. 바로 다시 시작할 힘과 용기는 거기에서 얻어진다. 바로 그것이 복음이다. 늘 그 복음을 붙들고, 복음 앞에서 살아가는 것, 바로 그것이 우리가 일평생 해야 할 일이다.

둘째, 신분의 차이와 수준의 차이를 헷갈리지 마라

복음을 받아들이면서 우리는 하나님의 자녀가 된다. 종처럼, 거지처럼, 살다가 자녀가 되었다. 어제까지는 거지였는데 오늘부터 바로 자녀처럼 살 수 있을까? 극단적인 예를 들어보자. 어제까지 거지로 살았는데, 오늘부터 공주가 되었다.

그럼 바로 오늘부터 공주처럼 살 수 있을까? 살 수 없다. 예전의 버릇과 습관이 몸에 남아 있기 때문이다.

> 어떤 개그 프로그램에 '누려' 라는 코너가 있었다. 중국집을 하면서 부자가 된 부부와 며느리가 고급 음식점에 가서 일어나는 에피소드이다. 그들은 부자가 되었음에도 불구하고, 어디를 가든 철가방을 가지고 간다, 음식점에 전화만 오면, 대신 달려가서 전화를 받는다. 그러지 말라고 하면, "자장면 배달할 때의 고생을 제 몸이 기억해요"라고 말한다.

너무나 복음적인 코너라고 생각한다. 여전히 누리지 못하는 우리의 모습을 보여준다. 옛날 거지의 습성과 모습이 남아 있어서, 자녀가 되었음에도 불구하고 거지처럼 살아가게 된다. 그렇다고 신분이 변하는가? 변하지 않는다. 다만 수준이 떨어질 뿐이다. 수준의 차이가 나는 것이다. 그건 신분의 문제가 아니라, 수준의 문제이다.

우리는 예수님을 믿으면서도 여전히 신분의 문제를 고민한다. '내가 구원 받았나', '하나님이 나를 사랑하시나?' 고민한다. 그러나 우리의 고민은 신분의 문제가 아니라, 수준의 문제임을 기억해야 한다. 왕자이고 공주인데 수준이 떨어지는 거다. 신분은 이미 바뀌었다. 다만 그 신분에 맞는 수준이 따르지 않는 것이다. 자녀인데도 종처럼, 거지처럼 사는 것이다.

우리가 살다보면 신앙이 바닥을 칠 때가 있다. 모든 것이 망가지고 엉클어질 때가 있다. 그 때 기억하자. "또 거지처럼 사는구나!" 바로 이럴 때 회복이 시작된다. 우리는 하나님의 자녀이다. 때로는 바닥을 치고, 수준을 떨어질 때가 있지만 그럼에도 불구하고, 우리는 하나님의 자녀다! 바로 이 확신 안에서 선포하며 살아가는 것이 필요하다.

셋째, 복음 이후의 모든 과정은 우리에게 '특권'이며, 모든 과정은 우리를 하나님의 자녀로 살게 하는 '훈련'이다

성경공부를 하다가 이런 질문을 한다.

"복음을 받아들이면 예배 안 드려도 된다. 기도 안 해도 된다. 봉사와 헌금도 안 해도 된다. 이 말에 대해서 어떻게 생각하십니까?"

"그래도 해야 하는거 아닌가요?"

"안 해도 되지만… 그래도 뭔가 찜찜한데…"

"복음만 받아들이면, 안 해도 되지요. 그것이 본질인데…"

복음을 받아들이게 되면 앞으로 우리 삶의 모든 것은 '특권'이 된다. 우리 신앙의 본질은 무엇인가? 바로 '복음'이다. '복음' 때문에 예배드리는 것이고, '복음' 때문에 기도하는 것이고, '복음' 때문에 봉사하는 것이고, '복음' 때문에 나의 물질을 하나님께 드리는 것이다. 바로 그 모든 것은 '복음'으로 인해서 우리에게 주어지는 '특권'이 된다.

티모시 켈러는 예수님을 믿는 이들의 특권을 이렇게 말한다.

> 우리는 더 이상 형벌이 두렵거나 우리 스스로를 입증하려고 그렇게 하는게 아니다. 그런 동기들은 우리를 지치게 하며 필연적으로 편협함, 독선, 그리고 딱딱하게 굳은 마음을 낳는다. 그래서는 안된다. 대신 감사하는 기쁨과 우리를 구원하신 분을 닮고 기뻐하고 섬기기 원하는 순전한 욕구로 인해, 우리는 삶을 더욱 효과적으로 바꿀 수 있다. 다른 한편, 우리를 괴롭히던 두려움과 염려와 불안은 사라지기 시작한다. 일에 성공한다고 의기양양해지

지 않고, 실패한다고 망연자실하지도 않는다 우리는 외모나 지위에 대한 불만에 휘둘리지 않으며 이전처럼 타인의 비판 때문에 위축되지도 않는다. 우리의 자아상은 도저히 잃어버릴 수 없는 사랑 속에 안주한다.[27]

우리는 지금까지 특권이 아니라, 의무와 책임으로 그것들을 감당했다. 그래서 힘들어도, 어금니 깨물고 참아야했다. 나에게 맡겨진 임기까지, 시간까지 어떻게든 참고 해내야했다. 그러다보니 섬기고나면 잠수를 타거나 공동체와 교회를 떠나기도 한다.

혹시 지금 내가 섬기는 것이 나에게 부담이 되고, 짐이 되고 있다면 무엇을 의미하는가? 복음을 잊었다는 것이다. 복음을 놓쳤다는 것이다. 그러기에 다시금 복음으로 돌아가야할 때임을 의미한다.

그리고 복음 이후의 모든 것은 훈련이다. 그리스도의 장성한 분량까지 자라가기 위하여 훈련을 받는 것이다. 거지의 습성과 습관이 남아있는 내 자신에게, 자녀로서 살아갈 수 있는 훈련을 하는 것이다. 예배함으로, 기도함으로, 봉사함으로, 나의 물질을 드림으로, 하나님의 자녀답게 살아가는 훈련을 받는 것이다.

김순호 선교사가 쓴 『성숙한 그리스도인의 영적기초』에 보면 사람이 육체적으로 성장하는 과정과 같다고 말하며, 영적 성장단계를 4단계로 이야기한다. 첫째, 영적 갓난아이, 흔들리는 사람. 둘째, 영적 어린아이, 분별력 있는 사람. 셋째, 영적 청년, 삶의 모범이 되는 사람. 넷째, 영적 아비, 성숙한 하나님의 사람이라고 말한다.[28] 다시 말하면, 신앙은 성장하는 것이며 그 단계에 맞는 훈련이 있어야 함을 이야기하는 것이다. 신앙은 고정된 것이 아니라, 자라가는 것이다. 거기에 맞게 훈련되어야 한다. 그럴 때 건강하게 신앙이 성장하게 된다.

가정에 많은 어려움을 겪은 한 성도가 집 근처에 있는 교회를 나가게 되었다. 교회를 처음 다니는 새신자임에도, 기존에 다니던 분들이 "왜 금식을 하지 않느냐?" "왜 봉사를 하지 않느냐?" "왜 십일조를 하지 않느냐?" 하면서 야단을 쳤다는 것이다. 그것이 너무 힘들어서 교회를 멀리하게 되었다는 것이다.

조심해야 할 것이 있다. 신앙에 단계가 있다는 것은 다른 사람의 신앙수준을 판단하라는 것이 아니라, 그 사람을 배려해 주라는 의미이다. 답도 없는 인생이, Nothing인 인생이, 틀린 인생이, 다른 누군가를 어찌 판단할 수 있겠는가? 판단하는 순간 자기 자신이 하나님의 자리에 서게 되는 절망이 된다.

갓 태어난 아이에게 42.195km를 뛰라고 하지 않는다. 왜냐하면 뛸 수 있는 능력도, 체력도 없기 때문이다. 한 걸음 내딛는 것만으로 박수치고 격려해야 할 일이다. 단계에 맞는 배려를 해야한다.

넷째, 하나님의 가족으로 살아가는 공동체 안에 들어가라

교회 공동체에서 가장 어색하고 낯가지러운 말이 무엇일까? 바로 '형제, 자매'이다. 서로에게 부르기 참 부끄럽지만 이것처럼 교회 공동체의 본질을 이야기해주는 것도 없다. 하나님을 아버지로 모시고 우리 모두는 형제, 자매, 바로 가족이라는 의미이다. 목사가 교회에서 맡겨진 직분이 목사이지만, 하나님 앞에서도 목사이겠는가? 아니다. 하나님 앞에서는 아들이다.

하루는 딸과 함께 걸어가다가 나도 모르게 '아버지'라고 탄식을 했다. 그러자 딸이 저에게 묻기를 "아빠! 왜 하나님께 아버지라고 해요?" 그래서 대답했다. "하나님께서 우리의 아버지되시고, 아빠는 하나님의 아들이니까!" 그러자 제 딸이 하는 말이 "아이고 하나님 할아버지!" 다시 설명했다. "서현아! 하나님 앞에서 아빠, 서현이나 모두 자녀야, 그러니까 서현이도 하나님께 아버지라고 하는 거야"

가끔 이렇게 말하는 사람을 만난다. "나는 교회 다니지 않아도 하나님을 제대로 믿고 있다" 정말 그것이 가능할까? 그럴 수 없다. 이미 자기 자신이 기준이 된 것이다. 고린도전서 12장에서는 이렇게 말한다.

이 모든 일은 같은 한 성령이 행하사 그의 뜻대로 각 사람에게 나누어 주시는 것이니라(고전 12:11).

하나님은 은사를 우리 모두에게 나눠주셨다. 그러기에 혼자 완벽한 사람은 없다. 내가 갖고 있는 것은 상대가 없고, 상대가 갖고 있는 것이 나에게 없다. 그래서 가끔 이렇게 표현하곤 한다. "내가 갖고 있는 다른 사람의 꿈" 무슨 뜻인가? 나에게는 의미가 없을 수 있지만, 그것이 다른 이들에게는 생명과도 같은 것이 될 수 있다. 다른 사람에게는 대수롭지 않은 것이지만, 나에게는 너무나 중요한 것이 될 수도 있다는 의미이다. 하나님께서는 우리 모두를 그렇게 만드셨고, 하나의 공동체로 세워가도록 하셨다. 혼자 신앙 생활하지 마라. 거기에는 성장이 없다. 한 번 무너지면, 회복되는데 너무나 오래 걸린다. 믿음의 사람들과 함께 하라. 함께 아파하고, 함께 기뻐하고, 함께 눈물흘리며, 성장해나가라. 그 사람들이 하나님이 보내주신 가족이다. 그 가운데 성장이 있고, 회복이 있다.

기독교의 기본진리

여기까지 복음에 관한 중요한 부분은 거의 나누었다. 여러 가지로 설명했지만 복음은 '예수 그리스도' 이렇게 정리할 수 있다. 바로 그것이 핵심이며, 본질이다. 여기에서 기독교의 전체적인 프레임을 다시 한 번 정리해보자.

첫째, 하나님이 이 세상을 창조하셨고, 나와 이 세상의 주인이다

하나님께서 이 세상을 창조하실 때, 하나님께서 디자인하신 관계가 있다. 그러기에 이 땅의 모든 것은 바로 하나님과의 관계에서만 의미를 찾을 수 있다.

둘째, 하나님을 신뢰하지 못하고, 자신이 주인, 중심이 되는 것을 죄라고 말한다

하나님께서 디자인하신 관계가 있음에도 인간은 하나님을 신뢰하지 못하고, 자기 자신이 하나님의 자리에 서려고 한다. 그것을 죄라고 말한다. 그것으로 인해 뿌리채 뽑힌 나무처럼 우리에게 죽음이라는 결과가 왔다.

셋째, 우리에게 어떠한 희망도, 답도 없기에, 예수님께서 죄의 대가로 십자가에서 죽으시고 하나님과 우리의 관계를 회복시키셨다

우리 힘으로 살 수 있는 방법이 없었다. 우리 힘으로 할 수 없었다. 그러기에 하나님께서 죄의 대가를 예수님께 지우시고, 십자가에 죽게 하셨다. 누군가 죄의 대가를 지었기에, 다시금 하나님과 우리와의 관계가 회복된 것이다.

넷째, 이것을 믿음으로 받아들이면, 이후로는 예수님을 중심으로 새로운 삶을 산다

예수님을 붙들면 하나님과의 모든 관계가 회복된다. 다시금 새로운 삶을 살아갈 수 있게 되는 것이다. 다시금 하나님께서 나에게 복을 주시는 분, 창조주, 공급자, 명령(기준)하시는 분이 되어주신 것이다. 이 땅에서 하늘의 은혜를 누리며 살아가게 되는 것이다.

아는 것이 아니라, 알아가는 것이다

복음 성경공부를 어느 정도 진행하다가 갑자기 이런 생각이 들었다. '복음'이라는 프레임을 만들어놓고, 정작 예수님을 놓치고 있는 것은 아닐까? 복음의 핵심은 예수님이신데, 나는 예수님을 정말 '제대로' 알고 있는 것일까?

그래서 요즘 4복음서를 가지고 예수님의 생애를 따라가면서 "예수, 우리의 복음"이라는 주제로 말씀을 전하고 있다. 복음은 예수 그리스도시다. 그렇다면 예수님의 삶과 사역 등 모든 것이 내 삶에 영향을 미치는 '좋은 소식'이 된다. 그러기에 복음서에서 나타나는 예수님의 말씀, 행동, 하나하나가 내 삶에 더 깊이 다가오며, 복음의 은혜를 함께 누리게 된다.

인격체에 대해서 모든 것을 안다고 할 수 없다. 왜냐하면 계속 다른 모습이 나타나기 때문이다. 인격이 없는 사물은 우리가 안다고 할 수 있다. 왜냐하면 모든 것을 매뉴얼로 알 수 있고, 경험할 수 있기 때문이다. 그러나 인격체는 그렇지 않다. 우리가 알지 못하는 수 많은 것들을 갖고 있다. 그러기에 사람에 대해서도 '실망했다', '그럴 줄 몰랐다'라는 것은 그 사람이 변한 것이 아니라, 내가 그 사람을 부분적으로 알았다는 의미이다.

우리가 무엇인가를 '안다'고 하면, 우리는 그 대상을 이용하려고 한다. 내가 다 알고 있기 때문에 내 편한 방식으로, 내 기준으로 활용한다. 하나님에 대해서도 마찬가지 아닐까? 하나님을 안다고 생각하면 우리는 그 하나님을 내 상황, 내 환경, 내 기준에 맞춰서 이용하려고 한다. 그것은 인간이 하나님보다 더 높은 위치에 있다는 것을 보여주는 모습이기도 하다.

하나님은 '아는 것'이 아니라 '알아가는 것'이다. 우리가 그분을 모두 알 수 없다. 피조물이 창조주를 제대로 알 수 없는 것은 너무나 당연하다. 그러기에 주님 뵙는 그 날까지 겸손히 조금씩 그분을 알아가고, 경험하는 것이다. 복음 앞에 서지만, 이 역시도 복음의 작은 부분만을 누리고 있는 것이다. 그러기에 "주님을 더 알기 원한다는" 고백을 하게 된다.

복음, 본질, 하나님 나라

책을 마무리하면서 교인들과 함께 중국, 북한 접경 비전트립을 다녀왔다. 중국과 북한을 섬기는 조선족 분들을 통해 들었던 핵심키워드는 다름 아닌 '복음, 본질, 하나님 나라'였다. 비전트립 기간동안 들었던 마음이 있다. 통일을 위한 가장 큰 준비는 다른 것이 아니라 한국교회가 복음 안에서 살아가는 것이라는 생각을 했다. 너무나도 다른 북한교회와 만날 때, 우리가 무엇으로 하나될 수 있을까? 생명 걸고 신앙을 지켜 온 그들과 만날 때, 우리가 무엇을 나눌 수 있을까? 오직 복음뿐이다. 다른 모든 것은 부수적인 것이며, 오직 복음만이 진리임을 고백할 때, 한국교회와 북한교회는 모든 장벽과 어려움을 이겨내고 하나됨의 축복을 누릴 수 있지 않을까 생각했다.

다시 복음으로 돌아가는 것! 바로 이것이 지금 우리가 해야 할 일이다.

THANKS TO

복음 성경공부 교재를 책으로 내면서 염려되는 부분도 있다. 함께 고민하고, 나누면서 하나씩 찾아가야하는데, 책으로 읽게 되면 많은 부분이 전달되지 못하고, 스쳐 지나가게 될 수도 있기 때문이다. 하지만 다른 분들과 함께 나누면서 복음에 한걸음씩 다가갈 수 있다면, 그것보다 감사한 것은 없겠다.

'다시 복음으로'라는 책은 책상에서 나온 것은 아니다. 2-4명 소그룹으로 공부하는 신천지(?)와 비슷한 전략을 쓴다는 우스개 소리와 함께, 여러 곳을 다니면서 많은 분들과 함께 고민하고, 나누고, 기도하면서 나오게 된 책이다. 그러기에 함께 복음 공부를 했던 많은 분들이 떠올랐다. 함께 울고 웃으며, 함께 아파하고, 복음 때문에 고민하고, 복음 때문에 감사하고, 복음 때문에 기뻐했던 그 시간이 떠오른다. 복음 공부를 함께 했던 분들께 다시 한 번 고마움과 감사한 마음을 전한다.

또한, 사랑하는 꿈꾸는 교회의 가족들! 부족한 목사와 함께 해줘서 너무 고맙고, 복음으로 함께 반응해줘서 너무 고맙다는 마음을 전한다. 함께 하나님 나라를 꿈꾸며, 멋지게 살기를 기대한다. 개척의 자리를 섬김과 기도로 함께 해주신 17지구 권사님, 집사님! 책의 교정을 봐 준 미향자매, 그림을 그려진 예지자매, 늘 든든한 힘이 되어주시고, 기도해주시는 부모님과 형제들, 그리고 장인 장모님께 마음에 담았던 감사함을 전한다. 그리고 교회를 시작하고 늦은 시간까지 복음 공부한다고 함께 시간을 보내주지 못했지만, 늘 아빠를 사랑하고, 기도해주는 사랑하는 아들 종훈이와 딸 서현이 그리고 세상 속에서 크리스천의 삶을 고민하며 살아가는 사랑하는 아내에게 고마움을 전한다. 가족이 있기에 더욱 감사하고, 행복하다. 모든 것이 은혜이고, 축복이다.

책을 마무리하면서 한마디 더 고백하고 싶다.

"하나님 살려주셔서 감사합니다!"

"구원해주셔서 감사합니다!"

2014. 9월 Lounge THE DREAM에서

5년 후, 10년 후를 꿈꾸는 고형욱목사

1) C.S. 루이스, 『순전한 기독교』, 홍성사, p.64.

2) 장경철, 『믿는다는 것의 행복』, 두란노, p.31.

3) 알리스터 맥그라스, 『생명으로 인도하는 다리』, 서로사랑, p.131.

4) 빔 리트께르크, 『믿을 수만 있다면』, 홍성사, p.15-16.

5) http://www.cch.tv/news/news_cch_view.asp?seq =0000009367.

6) 위의 책, P.77-78.

7) C.S. 루이스, 『예기치 못한 기쁨』, 홍성사, p.37.

8) 도널드 맥컬로우, 『내가 만든 하나님』, 그루터기하우스, p.33.

9) http://www.smaeil.com/news/articleView.html?idxno= 168453

10) http://news.heraldcorp.com/view.php?ud=20140829000003&md=20140901004316_BK.재인용

11) http://www.ohmynews.com/NWS_Web/View/at_pg.aspx?CNTN_CD=A0001956560&CMPT_CD=P0001재인용

12) http://www.gjdream.com/v2/column/view.html?uid= 458362 재인용

13) http://www.inewspeople.co.kr/news/articleView.html?idxno=5526

14) http://blog.naver.com/PostView.nhn?blogId=gp3project&logNo=10117803433 재인용

15) 레슬리 뉴비긴, 『죄와 구원』, 복있는 사람, p.25

16) D.A. 카슨, 팀 켈러 편집, 『복음이 핵심이다』, 아가페북스, p.59-60.

17) 버나드 로 몽고메리, 『전쟁의 역사』,

18) 래리 크랩, 『고통 속에서 하나님을 발견하다』, 복 있는 사람, p.84-85

19) 티머시 켈러, 『거짓 신들의 세상』, 베가북스, p. 38.

20) C.S. 루이스, 『스크루테이프의 편지』, 홍성사, p.137.

21) 앤서니 브라운, 『겁쟁이 빌리』, 비룡소.

22) 래리 크랩, 『교회를 교회되게』, 두란노, p.111.

23) C.S. 루이스, 『순전한 기독교』, 홍성사, p.100.

24) 레슬리 뉴비긴, 『죄와 구원』, 복 있는 사람, p.60

25) 위의 책, p.86.

26) 위의 책, p.18

27) 티머시 켈러, 『예수를 만나다』, 베가북스, p.169.

28) 김순호, 『성숙한 그리스도인의 영적기초』, 예수전도단.

부록

GOOD NEWS
성경공부 교재

Return to the Good News

1주차

1. 들어가면서

1) 자기소개(이름, 나이, 직업, 가족)를 합시다.

2) 신이 있다고, 혹은 신이 없다고 느낀 적이 언제인지 나눠봅시다.

■ '신'이라는 존재에 대한 관점이 나에게 어떠한 영향을 미칠까요?

2. 기독교에 들어오는 네 가지 문

1) ______

2) ______

3) ______

4) ______

■ 당신은 '기독교에 들어오는 네 가지 문' 중 어느 곳을 통해 들어와 계십니까? 지금은 어떠한 과정 중에 있습니까?

3. 예수님을 만나러 가는 길에 놓여 있는 장애물

1) ______________________________

2) ______________________________

3) ______________________________

4) ______________________________

■ 여러분이 하나님을 알아가는 과정을 가로막고 있는 장애물이 있습니까? 그렇다면 그 장애물은 무엇입니까? 그 장애물이 어떠한 영향을 끼치고 있는지 나눠봅시다.

숙제 하나님을 향하여 나아갈 때, 또는 내 삶 속에서 다른 이들과 관계할 때, 가장 큰 장애물은 무엇인지 생각해보시고, 어떤 영향을 끼치고 있는지 생각해보십시오.

2주차

[지난주] 하나님을 향하여 나아갈 때, 또는 내 삶 속에서 다른 이들과 관계할 때, 가장 큰 장애물은 무엇인지 생각해보시고, 어떤 영향을 끼치고 있는지 생각해보십시오.

1. 들어가면서

   "왜 사냐고?" 묻는다면 무엇이라고 대답하겠습니까? 내 삶의 목적이 무엇이냐고 묻는다면 뭐라고 대답하겠습니까?

2. 이 세상을 살아가면서, 우리가 '중요하다'고 생각하는 것은 무엇인가?

   1) ____________________

   2) ____________________

   3) ____________________

   4) ____________________

■ 이 땅을 살아가면서, 내가 중요하다고 생각하는 것은 무엇이며, 그렇게 생각하게 된 이유는 무엇인지 나눠봅시다.(중요하다는 것은 선택에서 포기할 수 없는 절대가치를 의미합니다)

■ 내가 중요하다고 생각하는 것들을 추구하면서 다른 사람과 갈등이나 어려움이 있었는지 한 번 나눠봅시다.

■ '중요한 것'들을 추구하면서 나에게 나타나는 현상은 무엇이 있나요?

숙제 내가 결코 포기할 수 없는 것은 무엇이며, 하나님께서 내려놓으라고 하시면 어떻게 할까요?

창세기 22:1-9을 묵상하시기 바랍니다.

3주차

[지난주] 내가 결코 포기할 수 없는 것은 무엇이며, 하나님께서 내려놓으라고 하시면 어떻게 할까요?

창세기 22:1-9을 묵상한 것을 함께 나누시기 바랍니다.

1. 들어가면서

최근에 다른 사람들과 갈등과 다툼이 일어난 적이 있습니까? 외적인 이유와 내적인 이유를 한 번 나눠봅시다.

2. 하나님이 디자인한 것은 어떤 모습이었는가? 그리고 현실은 어떠한가?

하나님이 자기 형상 곧 하나님의 형상대로 사람을 창조하시되 남자와 여자를 창조하시고, 하나님이 그들에게 복을 주시며, 하나님이 그들에게 이르시되 생육하고 번성하여 땅에 충만하라. 땅을 정복하라. 바다의 물고기와 하늘의 새와 땅에 움직이는 모든 생물을 다스리라 하시니라(창 1:27-28).

1) 하나님과 인간과의 관계에 대해서

2) 내 자신과의 관계에 대해서

3) 다른 사람과의 관계에 대해서

4) 인간과 세상과의 관계에 대해서

2. 그렇다면 하나님께서 디자인하셨던 것이 깨지게 된 이유가 여러분은 무엇이라고 생각합니까? 그리고 성경은 그 이유를 무엇이라 합니까?

3. '죄'란 무엇이며, 어디에서부터 시작하는가? 그리고 결과는 무엇인가?(창 2:16-17, 창 3:1-6)

■ '죄'로 인해 나에게 나타나는 열매는 무엇입니까?

■ 불의한 사람들이 아무 일 없이 잘 지내는 것은 어떻게 볼 수 있을까? 하나님없이 잘 살아가는 사람들에 대해서는 뭐라 설명할 수 있을까?

4. 오늘 공부를 통하여 내 자신에 대해서 내려지는 결론은 무엇입니까?

숙제 죄가 무엇인지 알았다면, '죄'를 중심으로 내 삶의 관계들을 다시 되돌아보십시다.

4주차

[지난주] 죄가 무엇인지 알았다면, '죄'를 중심으로 내 삶의 관계들을 다시 되돌아보십시다.

1. 내가 붙들고 있는 '죄'는 무엇이며, 나에게 드러나는 열매는 무엇이며, 결론은 무엇입니까? 그리고 그것을 어떻게 해결할 수 있을까요?

■ 이러한 상황에서 당신에게 '좋은 소식'은 무엇일까요?

2. 복음이란 무엇인가?
   '복음'은 뿌리채 뽑혀 죽어가는 인간들에게, 하나님께서 우리 밖에서, 우리를 위하여 오셔서 ________을 이루셨다는 '기쁜 소식Good News'이다.

■ '구원'이라는 것은 살려주셨다는 의미인데, 어디에서 살려주신 것일까요?

3. 복음의 내용이 무엇인가?

1) 하나님께서 인간이 되어 이 땅에 오셨다.

2) 내가 치러야 할 죽음의 대가를 예수님께서 대신 치루시고 죽으셨다.

3) 그 죽음에서 부활하시고, 하늘로 승천하셨다.

4) 예수님께서 다시 이 땅을 심판하러 오신다.

■ 복음의 내용 하나하나가 나에게 어떤 의미인지를 한 번 나눠봅시다.

4. 믿음이란 무엇인가? 바로 ______ 을 받아들이는 것이다.

5. 복음 앞에서 '내가 해야 할 반응'은 무엇인가?

1) 스스로 내 인생의 ______ 노릇했음을 인정하는 것

2) 예수님께서 나의 죄를 ______ 하여 죽으셨음을 받아들이는 것.

3) 내 인생의 ______ 으로, ______ 으로 예수님을 모셔들이는 것

숙제 '내가 해야 할 반응'을 나의 마음과 고백으로 이 곳에 적어봅시다.

5주차

[지난주] 영접기도로 하나님께 고백하며 시작합시다.

1. 들어가면서

   당신이 가지고 있는 신용카드의 혜택은 어떤 것이 있나요?

2. 복음을 믿음으로 받아들이면서 누리는 혜택이 무엇인가?

   1) 요한복음 1:12 ________________________

   2) 로마서 8:1-2 ________________________

   3) 요한복음 8:32 ________________________

   4) 로마서 8:38-39 ________________________

   5) 마태복음 5:3 ________________________

   6) 마가복음 1:17 ________________________

   7) 로마서 8:14-16 ________________________

3. 앞으로 어디로 가야하는가?

   1) 복음이 ________ 이며, ________ 이며, ________ 이다.

2) ________의 차이와 ________의 차이를 혯갈리지 마라.

3) 복음 이후의 모든 과정은 우리에게 _______이며, 모든 과정은 우리를 하나님의 자녀로 살게 하는 _____이다.

4) 하나님의 가족으로 살아가는 ________ 안에 들어가라.

4. 기독교의 기본진리를 정리해봅시다.

첫째, 하나님이 이 세상을 창조하셨고, 나와 이 세상의 주인이다.

둘째, 하나님을 신뢰하지 못하고, 자신이 주인, 중심이 되는 것을 죄라고 말한다.

셋째, 우리에게 어떠한 희망도, 답도 없기에, 예수님께서 죄의 대가로 십자가에서 죽으시고, 하나님과 우리의 관계를 회복시키셨다.

넷째, 이것을 믿음으로 받아들이면, 이후로는 예수님을 중심으로 새로운 삶을 산다

5. 당신은 구원받으셨습니까? 복음을 당신의 언어로 설명해 보시기 바랍니다.

Return to the Good News